O Chamado do Feminino Sagrado
Ciclos, Intuição e Poder
Por Isabella King

Copyright © Vellaz Publishing 2022

Todos os direitos reservados.
Nenhuma parte deste livro pode ser reproduzida por qualquer meio sem a autorização por escrito do titular dos direitos autorais.

Imagem da capa © Vellaz Studio
Revisão por Marcus Assif
Projeto gráfico por Sergio Ceres
Diagramação por Andre Martins
Todos os direitos reservados a: Vellaz Publishing

Holismo

Sumário

Prólogo 5
Capítulo 1: A Jornada da Heroína 9
Capítulo 2: A Sabedoria Ancestral 12
Capítulo 3: O Poder da Intuição 16
Capítulo 4: A Força do Círculo Feminino 21
Capítulo 5: A Magia dos Elementos 27
Capítulo 6: O Despertar da Serpente 32
Capítulo 7: A Jornada da Alma 37
Capítulo 8: Os Ritos de Passagem Femininos 42
Capítulo 9: O Resgate da Deusa Interior 47
Capítulo 10: Ciclos Lunares e Feminilidade 52
Capítulo 11: O Sagrado no Cotidiano 58
Capítulo 12: O Poder das Ervas e Plantas Sagradas 63
Capítulo 13: Cristais e sua Magia 68
Capítulo 14: O Papel da Arte na Expressão do Feminino 73
Capítulo 15: A Cura do Corpo e da Alma 78
Capítulo 16: O Renascimento e a Transformação 83
Capítulo 17: A Conexão com a Terra 88
Capítulo 18: O Feminino e o Sagrado Masculino 93
Capítulo 19: Mitologia e Arquétipos Femininos 98
Capítulo 20: A Dança como Expressão Espiritual 102
Capítulo 21: O Silêncio e a Introspecção 107
Capítulo 22: A Sexualidade Sagrada 112

Capítulo 23: O Feminino Ferido e a Cura Emocional 117
Capítulo 24: Os Sonhos e o Mundo Onírico 122
Capítulo 25: A Voz Autêntica da Mulher 127
Capítulo 26: A Maternidade e a Energia Criativa 132
Capítulo 27: A Espiritualidade Transcendental 136
Capítulo 28: O Altar Pessoal e as Práticas Espirituais 141
Capítulo 29: A Comunhão com o Divino 145
Capítulo 30: A Jornada Completa: Reflexão e Integração 149
Epílogo 153

Prólogo

Há um convite pulsando nas entrelinhas deste texto, um chamado sutil, mas irresistível, que ecoa nas profundezas de sua alma. Não é por acaso que você está aqui, prestes a abrir as páginas deste livro. Algo maior do que você imaginou está prestes a se revelar. Sinta, por um momento, esse impulso silencioso que o trouxe até aqui, essa força invisível que guia suas mãos. A jornada que você está prestes a iniciar vai além da compreensão racional — ela é um retorno ao seu centro, ao espaço sagrado do feminino que habita em você e em todas as mulheres ao longo dos séculos.

Permita-se mergulhar, sem hesitação, nas revelações contidas neste livro. Ele é uma chave, um portal que se abre para a reconexão com um saber antigo, um poder que há muito tempo foi negligenciado, mas que nunca desapareceu completamente. Este é um reencontro com a sabedoria ancestral, aquela que atravessa gerações e culturas, e que espera silenciosamente para ser redescoberta. Ao virar as páginas, você começará a sentir a presença de algo que sempre esteve com você, mas que, talvez, por muito tempo permaneceu adormecido.

Cada palavra, cada conceito aqui apresentado, não é apenas informação. São sementes plantadas diretamente em sua consciência, prontas para germinar e florescer em momentos inesperados. Prepare-se para encontrar um reflexo de si mesma, um espelho onde suas dúvidas, medos e desejos serão revelados em sua essência mais pura. Este livro não é apenas sobre o sagrado feminino, é sobre você — suas cicatrizes, sua força e sua infinita capacidade de se transformar.

Imagine, por um momento, o que significa verdadeiramente despertar. Imagine libertar-se das amarras invisíveis que a mantêm presa a expectativas externas, julgamentos e papéis que não ressoam com quem você realmente é. Aqui, nesta jornada, você será guiada a reencontrar a mulher selvagem, a heroína interior, aquela que trilha o caminho da transformação pessoal e espiritual com coragem e vulnerabilidade. Não há mapas precisos, porque essa jornada é única para cada mulher. Mas este livro servirá como uma lanterna, iluminando cada passo, revelando camadas profundas do que significa ser mulher em toda a sua plenitude.

Você será chamada a resgatar a sabedoria dos ciclos da natureza, a se reconectar com os mistérios que os elementos da Terra sussurram em cada estação, em cada fase da lua. Sentirá a energia vibrante das práticas ancestrais, o poder das ervas, dos rituais e da intuição que há muito tempo foram sufocados, mas que agora clamam por liberdade. Tudo isso não será um aprendizado distante, mas uma recordação. Algo que, em algum nível, você sempre soube, mas que as distrações da vida moderna fizeram questão de soterrar.

Ao longo das páginas, prepare-se para ser desafiada, para se deparar com os seus próprios demônios e sombras. Pois o despertar do sagrado feminino não acontece apenas através de doces revelações — ele surge do confronto, da aceitação de quem somos, com nossas feridas e cicatrizes. E é exatamente nas sombras que o verdadeiro poder se esconde, aguardando o momento de ser trazido à luz. Este livro será seu guia para integrar essas partes, para que você possa caminhar em direção à sua verdadeira essência com todo o amor e compaixão que você merece.

Não há uma única forma de viver o feminino sagrado. Cada mulher é uma expressão única dessa energia, e este livro lhe oferecerá o espaço para descobrir sua própria verdade. As páginas que você está prestes a explorar não são apenas um relato das tradições do passado, mas uma janela para a construção de um futuro mais alinhado com sua essência mais profunda. O feminino sagrado não está distante, não é uma ideia abstrata ou esotérica. Ele pulsa em cada uma de nós, à espera de ser despertado e vivido em toda a sua autenticidade.

Ao mergulhar nesta leitura, esteja pronta para se transformar. Porque uma vez que você entrar em contato com o poder que habita dentro de você, não haverá como voltar atrás. Este livro não é apenas uma leitura, é uma experiência, um renascimento. Você está prestes a cruzar um limiar, a entrar em um território onde o passado, o presente e o futuro se entrelaçam em uma dança sagrada. E nessa dança, você será convidada a se redescobrir, a se curar e a renascer mais forte, mais conectada, mais inteira.

Abra-se para o desconhecido, para o mistério que permeia cada palavra. Deixe que este livro a guie para dentro de si mesma, para o lugar onde reside seu verdadeiro poder. E, ao fazer isso, você não estará apenas começando uma nova leitura — estará iniciando uma jornada de transformação, um caminho de retorno ao lar espiritual que sempre foi seu.

Capítulo 1
A Jornada da Heroína

A Jornada da Heroína é uma narrativa arquetípica que descreve o caminho de transformação e autoconhecimento que muitas mulheres percorrem ao longo de suas vidas. Diferente da clássica "Jornada do Herói", que frequentemente foca na conquista de um objetivo externo, a Jornada da Heroína explora o retorno ao lar interior e a reconexão com o sagrado feminino. Este capítulo introduz os conceitos básicos dessa jornada, destacando os estágios importantes que caracterizam o crescimento espiritual e emocional de uma mulher.

O chamado para a aventura surge quando a mulher percebe um desconforto ou uma sensação de vazio em sua vida cotidiana. Esse despertar pode ser causado por um evento marcante, como uma perda, mudança significativa ou uma profunda insatisfação com o status quo. Aqui, ela sente um impulso para buscar algo além das convenções sociais, iniciando uma busca por significado e autenticidade.

Ao seguir o chamado, a heroína se afasta do ambiente seguro e familiar, confrontando medos e incertezas. Essa etapa representa a transição de uma vida comum para o desconhecido, onde suas crenças e identidades são questionadas. Ela começa a se despir das máscaras e dos papéis que a sociedade lhe impôs, dando lugar a uma busca mais profunda pela verdade interior.

No decorrer de sua jornada, a heroína encontra obstáculos e enfrenta situações que testam sua resiliência. Esses desafios podem ser internos, como lutar contra inseguranças e dúvidas, ou externos, como a oposição de pessoas ou circunstâncias que tentam impedir seu crescimento. Esse processo é crucial para o fortalecimento de sua identidade e o despertar de sua força interior.

Em algum momento, a heroína experimenta um contato profundo com o aspecto sagrado do feminino, muitas vezes representado pelo arquétipo da Deusa. Essa experiência de comunhão desperta nela uma nova consciência de seu próprio poder e divindade. A Deusa simboliza a sabedoria, o amor e a criatividade, ajudando a heroína a integrar essas qualidades em sua vida.

Uma parte essencial da jornada envolve a transformação radical de velhos padrões e crenças limitantes. Esse processo de "morte" é seguido por um renascimento, onde a heroína emerge renovada, com uma percepção mais clara de si mesma e de sua missão. Ela se reconcilia com as sombras de seu passado, acolhendo suas fraquezas e transformando-as em força.

Após passar por uma metamorfose profunda, a heroína retorna ao seu ambiente original, mas agora com uma nova visão e sabedoria. Ela não volta da mesma forma que partiu; a transformação interna a capacita a viver de maneira mais autêntica, irradiando o amor e a verdade que encontrou em sua ornada. Ela traz consigo uma "dádiva", um conhecimento ou habilidade que pode compartilhar com os outros para inspirar e promover a cura.

Capítulo 2
A Sabedoria Ancestral

A sabedoria ancestral representa um vasto tesouro de conhecimentos, práticas e rituais que atravessaram os tempos, preservados e transmitidos de geração em geração. Estes ensinamentos honram o feminino em suas múltiplas expressões, oferecendo às mulheres modernas uma reconexão com suas raízes espirituais e uma oportunidade de redescobrir seu poder interior. Explorar a sabedoria ancestral é essencial para a jornada de autoconhecimento e empoderamento, pois permite resgatar tradições que fortalecem a identidade feminina.

A história do sagrado feminino está profundamente enraizada em culturas de todo o mundo. Desde as tribos indígenas nas Américas até as antigas civilizações do Oriente Médio e do Extremo Oriente, práticas espirituais e rituais celebravam a natureza cíclica da vida e reconheciam o poder do feminino. Nessas culturas, a mulher era vista como guardiã da vida, conectada diretamente com os mistérios da criação, fertilidade e a Mãe Terra. Os rituais eram realizados em harmonia com os ciclos naturais, como as estações do ano, as fases da lua e os movimentos do sol, ajudando as mulheres a se sentirem parte de um todo maior e fortalecendo sua espiritualidade e consciência de si mesmas.

Os rituais ancestrais são práticas que possibilitam uma conexão profunda com o divino. Estes rituais envolviam danças sagradas, cânticos, oferendas e a utilização de elementos naturais para criar espaços sagrados de comunhão. A dança, por exemplo, não era apenas uma forma de expressão artística, mas uma maneira de canalizar a energia vital e conectar-se com as forças da natureza. Cerimônias de lua cheia, comuns em culturas pagãs, eram momentos de celebração dos ciclos menstruais e da energia lunar, promovendo introspecção, cura e transformação através de cânticos e meditações.

Em muitas sociedades, o conhecimento sobre o sagrado feminino era transmitido de forma oral. Histórias, lendas e mitos serviam não apenas para educar, mas para inspirar e motivar. Mulheres mais velhas, consideradas sábias, compartilhavam ensinamentos com as mais jovens, abordando temas como cura, saúde, maternidade e relacionamentos. Narrativas que incluíam figuras mitológicas como deusas, guerreiras e curandeiras ensinavam a importância da coragem, intuição, compaixão e amor próprio, fortalecendo a identidade cultural e os laços comunitários.

As parteiras, curandeiras e xamãs sempre foram figuras centrais nas comunidades, carregando consigo conhecimentos sobre os mistérios do corpo e da alma. Elas dominavam o uso de ervas medicinais para tratar doenças, aliviar dores e promover o bem-estar geral, além de realizar rituais para garantir a proteção espiritual da mãe e do recém-nascido durante o parto. Essas mulheres eram vistas como sagradas, pois seu trabalho estava intimamente ligado à preservação da vida e ao cuidado com os ciclos naturais. Resgatar essa sabedoria é uma maneira de honrar essas figuras e valorizar o conhecimento sobre o corpo feminino.

Os ciclos femininos – menstruação, maternidade e menopausa – sempre foram considerados sagrados em diversas culturas. Cada fase da vida de uma mulher é vista como uma expressão única do poder feminino e celebrada de maneira ritualística. A menarca, por exemplo, era marcada por cerimônias de iniciação que simbolizavam a entrada da menina no mundo das mulheres, com danças, cânticos e rituais que reforçavam a importância do ciclo menstrual. A maternidade era associada ao arquétipo da Grande Mãe, com cerimônias de gravidez e parto que incluíam bênçãos para proteger a mãe e o bebê. A menopausa, por sua vez, era vista como a fase da sabedoria, onde a mulher podia se dedicar plenamente à sua espiritualidade.

Os elementos da natureza – terra, água, fogo e ar – estão intrinsecamente ligados às energias do sagrado feminino. Cada elemento possui características que refletem aspectos da psique e do corpo feminino. A terra simboliza a estabilidade e a nutrição, associada ao útero que gera a vida; a água representa a fluidez e a intuição, evocando as emoções e os ciclos menstruais; o fogo é a força transformadora e criativa, que inspira paixão e mudanças profundas; e o ar simboliza o intelecto e a comunicação, facilitando a expressão da verdade interior. Trabalhar com esses elementos em rituais, meditações ou práticas de cura ajuda a equilibrar as energias femininas e promove a reconexão com o poder natural.

Trazer a sabedoria ancestral para o cotidiano moderno é um desafio, mas também uma necessidade para muitas mulheres que buscam equilíbrio e propósito. Adaptar os ensinamentos antigos permite que as mulheres modernizem essas práticas de maneira que se encaixe com suas vidas. Incorporar rituais diários, como meditação, uso de ervas ou simplesmente respeitar os próprios ciclos, pode ajudar a cultivar um estado de presença e equilíbrio. Criar um altar com elementos naturais, realizar rituais de purificação ou meditar sob a luz da lua são formas de integrar essas práticas no dia a dia, utilizando a sabedoria antiga para enfrentar os desafios da vida atual.

A sabedoria ancestral nos ensina que o sagrado feminino não é algo externo, mas uma força que reside dentro de cada mulher. A reconexão com essa força pode ser um caminho para a cura e o autoconhecimento, possibilitando que cada mulher se sinta parte de uma linhagem de sabedoria que transcende o tempo. Resgatar e adaptar essas tradições oferece às mulheres modernas uma base sólida para o empoderamento, permitindo-lhes honrar suas raízes espirituais e cultivar um senso profundo de identidade e propósito.

Capítulo 3
O Poder da Intuição

A intuição é uma ferramenta essencial para a jornada de autoconhecimento e conexão com o sagrado feminino. Esse "sexto sentido" ou "voz interior" guia as mulheres a tomar decisões mais conscientes, a entender seus próprios sentimentos e a se alinhar com os ciclos naturais e espirituais. O papel da intuição na vida de uma mulher vai além de um simples pressentimento; é uma forma profunda de sabedoria que transcende a lógica e a razão.

A intuição é uma forma de conhecimento que surge de forma espontânea, sem a necessidade de um raciocínio lógico ou dedutivo. Ela é frequentemente descrita como um "saber" que vem de dentro, uma voz interna ou um sentimento que orienta decisões e ações. Essa sabedoria interna está conectada com o inconsciente, onde memórias, experiências passadas e informações sensoriais são processadas de maneira não linear.

Para as mulheres, a intuição é frequentemente associada ao sagrado feminino, sendo uma expressão direta da alma ou do espírito. Em muitas tradições espirituais, a intuição é considerada um dom divino, um canal de comunicação com o mundo espiritual ou com o inconsciente coletivo.

Ao longo da história, a intuição foi reconhecida como uma característica inata do feminino. Em culturas ancestrais, as mulheres eram vistas como oráculos, xamãs e curandeiras, usando sua intuição para guiar suas comunidades. Essa conexão com o sagrado feminino faz da intuição um canal pelo qual a sabedoria ancestral se manifesta, permitindo que as mulheres acessem conhecimentos além do que é percebido pelos sentidos.

Essa sensibilidade pode ser desenvolvida e aprimorada por meio de práticas espirituais, como meditação, visualização e trabalho energético. Quando uma mulher se permite ouvir sua intuição, ela se alinha com uma fonte de poder que transcende as limitações do racional, entrando em sintonia com a sabedoria universal.

Existem diversas práticas que ajudam a cultivar e fortalecer a intuição. Uma das mais comuns é a meditação, que silencia a mente consciente e permite que a voz interior seja ouvida com mais clareza. Práticas como a meditação guiada, especialmente aquelas que se concentram no chakra do terceiro olho (localizado entre as sobrancelhas), podem ser particularmente eficazes para ativar a intuição.

Outra prática é o diário intuitivo, onde a mulher anota seus pensamentos, sentimentos e insights espontâneos. Esse exercício ajuda a identificar padrões e a confiar mais nos próprios instintos. A prática do silêncio e da introspecção, mesmo por alguns minutos diários, também permite que a voz interior se torne mais evidente.

Muitas vezes, a intuição pode ser uma ferramenta poderosa para a cura emocional e física. Ao ouvir a voz interior, uma mulher pode identificar a origem de suas dores e desconfortos, sejam eles físicos ou emocionais, e encontrar os melhores caminhos para a cura. A intuição pode orientar na escolha de tratamentos, na busca de profissionais de saúde ou em mudanças no estilo de vida que promovem o bem-estar.

Além disso, a intuição pode atuar como uma forma de proteção. Mulheres intuitivas tendem a perceber situações e pessoas que possam representar perigo, ajudando-as a evitar circunstâncias que possam prejudicar seu equilíbrio emocional ou físico.

Existe uma conexão íntima entre a intuição e os ciclos menstruais. Durante o ciclo, muitas mulheres percebem que a intuição se torna mais forte em certos momentos, especialmente nas fases pré-menstrual e menstrual. Nesses períodos, o corpo e a mente estão mais receptivos à introspecção e ao autoconhecimento, tornando-se momentos ideais para ouvir a intuição.

Esses períodos podem ser aproveitados para práticas como rituais de liberação, onde se soltam energias, sentimentos ou situações que já não servem ao propósito de crescimento. A consciência dos ciclos permite que a mulher utilize a intuição para guiar suas decisões e ações, respeitando suas fases e honrando sua natureza cíclica.

Para que a intuição seja uma ferramenta eficaz, é necessário aprender a confiar nela, mesmo quando não há evidências racionais que a justifiquem. Essa confiança pode ser desenvolvida através de pequenos exercícios diários. Por exemplo, ao fazer escolhas simples, como o que comer ou qual caminho seguir, a mulher pode se perguntar qual opção "parece" mais adequada. Ao seguir esse sentimento, ela fortalece a conexão com sua voz interior.

Com o tempo, ao notar que as decisões guiadas pela intuição trazem resultados positivos, a confiança se torna natural. O importante é permitir-se errar e entender que o processo de aprender a confiar na intuição envolve prática e paciência.

Dentro do contexto espiritual, a intuição é frequentemente usada em práticas de divinação, como leitura de tarô, runas ou astrologia. Essas práticas não são apenas formas de prever o futuro, mas também métodos para acessar a sabedoria interior e interpretar os sinais do universo.

Nos rituais, a intuição pode guiar a escolha de ervas, cristais, cores e símbolos. Por exemplo, ao preparar um ritual de cura, a mulher pode confiar em sua intuição para selecionar os elementos que serão mais eficazes para o seu propósito. Isso transforma o ritual em uma prática pessoal e única, onde a intuição age como a principal fonte de inspiração e poder.

Embora a intuição seja uma ferramenta poderosa, pode haver obstáculos para ouvi-la claramente. O ruído constante do mundo externo, as preocupações diárias e a falta de autoconfiança podem obscurecer a voz interior. Para superar esses desafios, é necessário cultivar uma prática constante de silêncio e introspecção.

Além disso, lidar com emoções não resolvidas, como medo ou culpa, pode interferir na capacidade de ouvir a intuição. Por isso, práticas de cura emocional, como o perdão e o autoacolhimento, são essenciais para desbloquear a conexão intuitiva.

A intuição é amplificada quando se compartilha em um círculo de mulheres. O apoio coletivo e a troca de experiências podem ajudar a validar os sentimentos e insights de cada participante, fortalecendo a confiança na própria intuição. Círculos de mulheres são espaços seguros onde a intuição pode ser explorada sem julgamentos, permitindo que cada mulher se sinta acolhida e fortalecida em seu caminho espiritual.

Capítulo 4
A Força do Círculo Feminino

Os círculos femininos representam um espaço sagrado onde mulheres se reúnem para compartilhar experiências, emoções e sabedoria, criando um ambiente de apoio mútuo e fortalecimento coletivo. Essas comunidades têm raízes profundas em práticas ancestrais e são um reflexo do poder da união feminina, onde cada mulher pode expressar sua verdade sem julgamentos e encontrar força em suas companheiras de jornada. No contexto do sagrado feminino, os círculos são mais do que simples encontros; são rituais de cura e empoderamento.

Os círculos femininos têm suas raízes em tradições ancestrais que valorizavam a conexão entre as mulheres e a natureza. Nas sociedades matrifocais, onde o papel da mulher era central na organização social e espiritual, as mulheres se reuniam regularmente para celebrar os ciclos naturais, como as fases da lua e as estações do ano. Esses encontros eram ocasiões para compartilhar conhecimento, realizar rituais e fortalecer os laços comunitários.

Em muitas culturas, as mulheres eram as guardiãs da espiritualidade da comunidade, e os círculos femininos serviam como um espaço de transmissão de sabedoria entre gerações. As mais velhas ensinavam às jovens sobre os mistérios do corpo feminino, os ciclos menstruais e os ritos de passagem. Esse legado de compartilhamento e apoio mútuo é um reflexo da importância do círculo como um espaço de empoderamento e crescimento.

O círculo feminino é um lugar onde a cura emocional e espiritual pode acontecer de forma profunda. Nele, cada mulher é incentivada a falar e a ouvir com o coração, criando um ambiente de acolhimento onde não há espaço para julgamentos. Esse ato de compartilhar vulnerabilidades permite que as participantes se sintam vistas, ouvidas e compreendidas, algo que muitas vezes é negligenciado na vida cotidiana.

A escuta ativa é uma das práticas fundamentais nos círculos. Quando uma mulher compartilha sua história, as outras a ouvem com atenção e respeito, sem interrupções. Esse ato simples, mas poderoso, de ser ouvida pode ser profundamente transformador, pois permite que a mulher se reconecte com sua própria voz e valorize sua experiência. A escuta ativa é também uma forma de criar laços de confiança entre as participantes, fortalecendo o senso de comunidade.

Quando mulheres se reúnem em um círculo, cria-se uma energia coletiva que amplifica a força de cada uma. Essa energia é conhecida como "campo de energia grupal", que potencializa os processos de cura, transformação e manifestação. Ao participar de um círculo, cada mulher contribui com sua energia única, e essa soma de forças individuais forma um campo vibracional que pode ser sentido por todas.

O círculo feminino é, portanto, um espaço de co-criação. Quando um desejo ou intenção é colocado no círculo, ele é nutrido e fortalecido pela energia coletiva, tornando-se mais poderoso. Essa prática de co-criação é frequentemente utilizada em rituais de manifestação, onde todas as participantes focam em um objetivo comum, como a cura de uma irmã ou a realização de um desejo pessoal.

Participar de um círculo feminino é também um processo de autoconhecimento, pois ele atua como um espelho onde cada mulher pode se ver refletida nas experiências das outras. As histórias compartilhadas no círculo podem ressoar de maneiras diferentes em cada participante, trazendo à tona questões pessoais que precisam ser trabalhadas. Essa dinâmica de reflexão permite que cada mulher reconheça suas próprias forças e fragilidades, encontrando nas experiências alheias um reflexo de sua própria jornada.

Essa troca de experiências e aprendizados pode ser profundamente libertadora. No círculo, não há hierarquia entre as participantes; todas são consideradas iguais e detentoras de uma sabedoria única. Essa igualdade permite que cada mulher se sinta à vontade para compartilhar seus desafios e conquistas, sabendo que suas palavras serão recebidas com respeito e empatia.

Os círculos femininos são espaços onde rituais e práticas espirituais podem ser realizados de maneira colaborativa. Meditações guiadas, cânticos, danças e cerimônias de purificação são comuns nesses encontros, ajudando as mulheres a se conectarem com suas próprias energias e com a energia do grupo. Um dos rituais mais comuns em círculos femininos é o uso do "bastão da palavra" ou "cajado sagrado", que é passado de mão em mão, permitindo que cada mulher fale enquanto estiver segurando-o, garantindo que todas tenham sua vez de se expressar.

Outro ritual importante é a criação de um altar coletivo, onde cada participante traz um objeto que represente algo significativo para ela. Esses objetos são colocados no centro do círculo, criando um ponto de ancoragem energética. Ao final do encontro, cada mulher leva seu objeto de volta, agora carregado com a energia e as bênçãos do círculo. Esse tipo de ritual fortalece a sensação de união e o vínculo espiritual entre as participantes.

No mundo moderno, os círculos femininos resgatam uma prática antiga que havia sido perdida em muitas culturas. Hoje, eles servem como um refúgio em meio ao ritmo acelerado da vida cotidiana, onde as mulheres podem desacelerar e se reconectar com suas essências. Esses encontros são especialmente importantes em um contexto social onde muitas mulheres se sentem isoladas ou desconectadas de sua própria natureza.

Os círculos femininos oferecem um espaço para a reconexão com o sagrado e com outras mulheres, criando uma rede de apoio e solidariedade. Eles são um lembrete de que, mesmo em uma sociedade que valoriza a individualidade, a força da coletividade é essencial para a cura e o crescimento. Em muitas cidades, grupos de mulheres têm se organizado para criar círculos em parques, centros comunitários e até mesmo de forma online, mantendo viva a chama dessa tradição ancestral.

Estudos sobre comunidades de apoio e terapia de grupo indicam que a sensação de pertencimento e o apoio social são fundamentais para a saúde mental e emocional. Participar de um círculo feminino pode reduzir sentimentos de solidão e ansiedade, promovendo um senso de pertencimento e aceitação. Além disso, esses encontros estimulam a prática da empatia e da compaixão, qualidades essenciais para uma vida equilibrada e harmoniosa.

Espiritualmente, os círculos femininos são um canal para a conexão com o sagrado. Eles permitem que cada mulher sinta a presença do divino em sua vida de forma tangível, através das palavras, dos rituais e do contato com outras almas. Essa experiência pode ser um ponto de virada na jornada espiritual, incentivando cada mulher a buscar seu próprio caminho de autoconhecimento e cura.

Criar um círculo feminino é um ato de coragem e amor. É oferecer um espaço onde outras mulheres possam se sentir acolhidas e valorizadas, compartilhando suas histórias e fortalecendo suas próprias jornadas. Qualquer mulher pode ser uma facilitadora de círculos, bastando ter a disposição de criar um ambiente seguro e acolhedor.

Participar de um círculo feminino é um convite para se permitir ser vulnerável e para abraçar a própria jornada. É reconhecer que, mesmo em meio às diferenças, todas as mulheres compartilham a mesma essência e os mesmos desafios. O círculo é um lembrete de que, juntas, as mulheres podem encontrar a força necessária para enfrentar as adversidades e para celebrar suas conquistas.

Capítulo 5
A Magia dos Elementos

A magia dos elementos é uma prática espiritual que utiliza as forças da natureza para promover o equilíbrio, a cura e o crescimento pessoal. Cada elemento — terra, água, fogo e ar — representa aspectos específicos da vida e da psique, e trabalhar com eles pode trazer harmonia para o corpo, a mente e o espírito. Neste capítulo, exploraremos como cada elemento se conecta com o sagrado feminino e como podemos utilizar essa conexão para fortalecer nossa espiritualidade e alcançar um estado de equilíbrio.

Os elementos são os blocos fundamentais da existência, presentes em todas as formas de vida e expressões da natureza. Cada um deles possui uma energia distinta que ressoa com diferentes aspectos do ser humano. Na tradição do sagrado feminino, trabalhar com os elementos significa reconhecer e honrar essa interconexão. A mulher, como expressão da natureza, pode utilizar essas forças para alinhar sua própria energia com o fluxo natural do universo.

Os quatro elementos também são associados aos quatro pontos cardeais e às estações do ano, representando ciclos de transformação contínua. Por isso, a prática de magia com os elementos é uma forma de reconectar-se com o ritmo natural da vida, permitindo uma compreensão mais profunda dos ciclos internos e externos.

A terra é o elemento que representa a estabilidade, a segurança e a nutrição. É associada à Mãe Terra, a fonte de toda a vida, e reflete a necessidade de enraizamento e conexão com o mundo físico. Na prática espiritual, o elemento terra é usado para promover o grounding, que é a prática de se conectar com o chão e com a realidade física para trazer estabilidade emocional e mental.

Trabalhar com o elemento terra pode incluir atividades como caminhar descalço na natureza, cultivar um jardim ou utilizar cristais e pedras que ressoem com a energia da terra, como a hematita ou a turmalina negra. Esses rituais ajudam a equilibrar os chakras inferiores, promovendo uma sensação de segurança e enraizamento.

A água é o elemento que simboliza as emoções, a intuição e a fluidez. Está relacionada aos aspectos mais profundos do inconsciente e à capacidade de adaptação e transformação. Como a água muda de forma, fluindo de um estado para outro, ela nos ensina a ser flexíveis e a aceitar as mudanças em nossas vidas.

A conexão com a água pode ser fortalecida através de rituais envolvendo banhos de purificação, meditações perto de rios, lagos ou do mar, ou até mesmo trabalhando com a lua, que é governante das marés e dos ciclos femininos. A água é também um símbolo do feminino sagrado, muitas vezes associada às deusas das águas e às práticas de cura emocional.

O fogo representa a paixão, a força de vontade e a transformação. Ele é o elemento da mudança radical e da transmutação, queimando o que é antigo para dar lugar ao novo. Na magia dos elementos, o fogo é usado para ativar a energia criativa e despertar o poder interior.

Rituais com o elemento fogo podem incluir o uso de velas, fogueiras ou até mesmo a prática de danças ao redor do fogo. Esses rituais são especialmente poderosos para a realização de intenções e a liberação de energias estagnadas. O fogo inspira coragem e ação, estimulando a mulher a seguir em frente em sua jornada de autoconhecimento.

O ar é o elemento do pensamento, da comunicação e da liberdade. Está associado ao intelecto e à capacidade de raciocinar, assim como à expressão verbal e escrita. O ar é também um símbolo da respiração, que conecta o corpo físico ao espírito, promovendo a harmonia entre o mundo material e o etéreo.

Para trabalhar com o elemento ar, práticas como a meditação com foco na respiração, o uso de incensos ou óleos essenciais, e a realização de visualizações são recomendadas. O ar ajuda a clarificar a mente e a desenvolver a intuição, sendo um elemento essencial para o equilíbrio espiritual.

A magia dos elementos é especialmente poderosa quando se trabalha com todos os quatro de forma integrada. Um ritual típico pode começar com a criação de um altar onde cada elemento esteja representado: um cristal ou pedra para a terra, uma tigela com água, uma vela para o fogo e um incenso para o ar. Esse altar serve como um ponto focal para a prática espiritual, onde as energias dos elementos são invocadas e equilibradas.

Durante o ritual, cada elemento pode ser saudado e honrado, reconhecendo sua influência na vida e sua contribuição para o crescimento espiritual. É possível fazer pedidos ou orações para cada um, solicitando equilíbrio, cura e orientação. Quando todos os elementos são integrados, cria-se uma harmonia que promove um estado de alinhamento com a natureza e com o universo.

Assim como os elementos são partes integrantes da natureza, eles também se manifestam nos ciclos da vida. A terra representa o nascimento e o enraizamento, a água simboliza as emoções e o crescimento, o fogo representa as transformações e desafios, e o ar está associado ao fim dos ciclos e ao renascimento. Trabalhar com os elementos em diferentes fases da vida permite que cada mulher se conecte profundamente com suas próprias mudanças e flua com os ciclos naturais.

Por exemplo, durante a adolescência, a energia do fogo pode ser mais pronunciada, incentivando a exploração e a expressão criativa. Na maternidade, o elemento água pode ser invocado para fortalecer os laços emocionais e a intuição. Na menopausa, o ar pode simbolizar a liberdade e a sabedoria adquirida ao longo da vida. Essa conexão com os elementos oferece uma maneira de honrar cada fase e compreender seu propósito.

Cada elemento tem um papel específico na cura holística, atuando de forma diferente sobre o corpo, a mente e o espírito. A terra promove a cura física, ajudando a equilibrar o corpo; a água facilita a cura emocional, permitindo que as emoções sejam processadas e liberadas; o fogo transforma padrões de pensamento ou comportamento que não servem mais; e o ar clareia a mente e ajuda na tomada de decisões.

Incorporar a magia dos elementos em práticas de cura, como massagens, banhos de ervas, ou terapias energéticas, pode potencializar os efeitos dessas terapias. A consciência dos elementos traz um entendimento mais profundo dos processos de cura e das necessidades individuais.

Para que a magia dos elementos faça parte do cotidiano, é importante integrar pequenas práticas que mantenham essa conexão viva. Pode ser tão simples quanto acender uma vela à noite, fazer uma caminhada ao ar livre, manter um difusor de óleos essenciais com fragrâncias associadas ao ar ou tomar um banho com sais para purificação.

Essas práticas diárias não apenas reforçam a ligação com os elementos, mas também ajudam a cultivar um estado contínuo de equilíbrio e harmonia. Incorporar a magia dos elementos na rotina diária é uma forma de honrar a natureza, o sagrado feminino e a própria jornada espiritual.

Capítulo 6
O Despertar da Serpente

O despertar da serpente é uma metáfora amplamente utilizada em tradições espirituais para descrever a ativação da energia vital latente que reside na base da coluna vertebral. Essa energia, muitas vezes chamada de Kundalini, é representada como uma serpente adormecida que, ao ser despertada, ascende pelos chakras, ativando centros de poder espiritual ao longo do caminho. No contexto do sagrado feminino, o despertar da serpente é um processo profundo de transformação, que envolve a cura, a expansão da consciência e a reconexão com o poder interior.

A energia Kundalini é considerada a força vital que permeia todos os seres vivos. Em muitas tradições espirituais, como o Tantra e o Yoga, acredita-se que essa energia está adormecida na base da coluna vertebral e, quando desperta, proporciona uma elevação da consciência e um profundo estado de união com o divino. O despertar da serpente não é apenas um fenômeno físico, mas também emocional, mental e espiritual, pois envolve a transformação de todos os aspectos do ser.

Para as mulheres, o despertar da Kundalini é especialmente significativo, pois está intimamente ligado à energia criativa e ao sagrado feminino. É uma jornada de autodescoberta e reconexão com o corpo, onde a mulher aprende a utilizar essa força para alcançar estados elevados de consciência e para se curar.

A serpente é um símbolo antigo e poderoso que aparece em diversas culturas e tradições espirituais ao redor do mundo. Ela é frequentemente associada à sabedoria, à transformação e ao renascimento. No Egito Antigo, a deusa Wadjet era representada como uma serpente, simbolizando proteção e poder. Na mitologia grega, a serpente estava ligada à cura através da figura de Asclépio, cujas práticas médicas eram representadas por uma vara com uma serpente enrolada.

No contexto do sagrado feminino, a serpente representa o poder interior da mulher, sua sexualidade sagrada e sua capacidade de transformação. O ato de "despertar a serpente" é, portanto, um processo de resgate desse poder, permitindo que a mulher abrace sua totalidade, incluindo sua força, sua vulnerabilidade e sua sabedoria intuitiva.

Para que a energia Kundalini ascenda, ela precisa passar pelos sete principais chakras, que são centros de energia localizados ao longo da coluna vertebral. Cada chakra possui uma função específica e está associado a diferentes aspectos do ser:

Muladhara (Raiz): Localizado na base da coluna, está associado à segurança, estabilidade e enraizamento.

Svadhisthana (Sacral): Conectado à criatividade, às emoções e à sexualidade.

Manipura (Plexo Solar): Relacionado ao poder pessoal, à vontade e à autoconfiança.

Anahata (Coração): Associado ao amor, à compaixão e ao perdão.

Vishuddha (Garganta): Conectado à comunicação e à expressão.

Ajna (Terceiro Olho): Relacionado à intuição e à percepção espiritual.

Sahasrara (Coroa): Representa a conexão com o divino e a espiritualidade suprema.

À medida que a energia da serpente desperta e sobe pela coluna, ela ativa cada chakra, promovendo a cura e o equilíbrio dos aspectos correspondentes. Esse processo é um dos principais objetivos do despertar espiritual e pode levar a experiências místicas e à expansão da consciência.

Existem várias práticas que ajudam a despertar a energia Kundalini de forma segura e consciente. O Yoga Kundalini é uma das abordagens mais conhecidas, combinando posturas físicas, respiração (pranayama), mantras e meditação para ativar essa energia. A meditação com foco nos chakras, especialmente no chakra raiz e no chakra sacral, também pode ser eficaz para estimular o despertar.

Outra prática importante é a respiração consciente, que ajuda a liberar bloqueios energéticos e a promover a circulação da energia ao longo da coluna vertebral. Técnicas de visualização, como imaginar uma serpente subindo pela coluna, também são utilizadas para fortalecer a conexão com essa energia e direcioná-la de maneira adequada.

Embora o despertar da Kundalini seja uma experiência profundamente transformadora, ele pode trazer desafios. Durante o processo, algumas pessoas experimentam o que é conhecido como "crises de Kundalini", onde emoções reprimidas, traumas e bloqueios energéticos emergem para serem curados. Isso pode resultar em sintomas físicos, como dores de cabeça, fadiga ou desconforto, além de sintomas emocionais, como ansiedade ou tristeza.

É importante abordar o despertar da serpente com cautela e orientação adequada, preferencialmente com o auxílio de um guia espiritual experiente. O autoconhecimento e a prática constante de autocuidado são fundamentais para lidar com os desafios que podem surgir durante o processo.

A energia Kundalini está intimamente ligada à sexualidade, pois ambas têm origem no chakra sacral. O despertar da serpente envolve o reconhecimento e a aceitação da própria sexualidade como uma força poderosa e sagrada. Esse processo permite que a mulher transforme sua relação com o corpo e com o prazer, utilizando a energia sexual não apenas para a satisfação física, mas como uma forma de elevação espiritual.

Práticas como o Tantra podem ajudar a integrar a sexualidade com a espiritualidade, utilizando técnicas de respiração e movimento para direcionar a energia Kundalini ao longo dos chakras. O despertar da serpente pode, assim, ser uma jornada de cura e empoderamento sexual, onde a mulher se reconecta com seu corpo e sua capacidade de sentir prazer de maneira plena e consciente.

O despertar da Kundalini não é apenas uma experiência mística, mas pode ser integrado ao dia a dia.

Ao cultivar a consciência dos chakras e trabalhar para manter o fluxo de energia equilibrado, é possível aplicar os benefícios do despertar na vida prática. Isso pode incluir melhorias na saúde física, maior clareza mental, equilíbrio emocional e uma conexão mais profunda com o próprio propósito de vida.

A prática de rituais simples, como a meditação diária, a respiração consciente e o movimento corporal, pode ajudar a manter a energia Kundalini desperta e fluindo de forma harmoniosa. Além disso, o uso de mantras e visualizações pode reforçar essa conexão e promover um estado contínuo de crescimento espiritual.

O despertar da serpente pode ser uma ferramenta poderosa para a cura holística. Ao ativar os chakras, a Kundalini promove a liberação de bloqueios energéticos que podem estar associados a doenças físicas, emocionais e espirituais. A prática regular de técnicas para despertar e equilibrar essa energia contribui para um estado geral de bem-estar e vitalidade.

A cura holística com a Kundalini envolve o reconhecimento de que corpo, mente e espírito estão interconectados. Cada chakra desempenha um papel na manutenção do equilíbrio geral, e o trabalho com a energia da serpente pode ser uma abordagem eficaz para tratar a causa raiz de problemas que afetam diferentes aspectos da vida.

Capítulo 7
A Jornada da Alma

A Jornada da Alma é um tema central nas tradições espirituais e no sagrado feminino, pois representa o caminho que cada indivíduo percorre em busca de autoconhecimento, propósito e conexão com o divino. Essa jornada não se limita apenas à dimensão física, mas envolve uma profunda exploração dos aspectos espirituais e emocionais, permitindo que a mulher encontre seu verdadeiro eu e compreenda o sentido mais profundo da vida. Este capítulo oferece reflexões e práticas para guiar a busca pelo propósito espiritual e o despertar da alma.

A Jornada da Alma é uma busca contínua pela compreensão do "eu" verdadeiro e pela reconexão com o sagrado. Muitas tradições espirituais descrevem a alma como a parte eterna e imutável do ser humano, que persiste além das experiências físicas e emocionais. A jornada da alma, portanto, não é apenas uma busca por respostas, mas um processo de transformação profunda, em que a mulher se despoja das ilusões e limitações impostas pela sociedade e descobre sua verdadeira essência.

No contexto do sagrado feminino, a jornada da alma é uma reconexão com os aspectos intuitivos e espirituais que muitas vezes são negligenciados na vida moderna. Ao aceitar essa jornada, a mulher se abre para o autoconhecimento, o crescimento espiritual e a expansão da consciência.

Encontrar o propósito espiritual é um dos principais objetivos da jornada da alma. Essa busca envolve um processo de autoexploração em que a mulher reflete sobre suas paixões, talentos e experiências de vida para identificar o que realmente ressoa com sua essência mais profunda. O propósito espiritual não está necessariamente associado a uma carreira ou conquista externa, mas sim a uma missão de vida que traz significado e realização.

A prática de introspecção, como a meditação ou o registro em um diário, pode ajudar a mulher a descobrir seu propósito. Essas práticas permitem que ela se conecte com seus desejos mais profundos e com sua intuição, ajudando-a a reconhecer sinais e sincronicidades que podem indicar o caminho a seguir.

Assim como na natureza, a jornada da alma é marcada por ciclos de morte e renascimento. Esses ciclos representam momentos de mudança profunda, em que a mulher é convidada a deixar para trás o que já não lhe serve e abrir espaço para o novo. A morte, nesse contexto, não é vista como algo negativo, mas como uma oportunidade para a transformação e o crescimento.

Esses períodos de transição podem ser acompanhados de desafios e sofrimento, pois exigem que a mulher enfrente seus medos e desapegue de velhos padrões. No entanto, cada "morte" espiritual traz consigo a promessa de um "renascimento" mais consciente e fortalecido, onde a mulher emerge com uma compreensão mais clara de si mesma e de sua missão.

Na jornada da alma, as provações e desafios são inevitáveis, mas também essenciais para o crescimento espiritual. Essas experiências difíceis funcionam como "iniciações", onde a mulher é testada em sua fé, força interior e capacidade de superar adversidades. Cada desafio superado contribui para o fortalecimento do espírito e para a expansão da consciência.

Para enfrentar essas provações, é importante cultivar práticas que ajudem a manter o equilíbrio emocional e espiritual, como a meditação, o trabalho energético e o autocuidado. Ter uma rede de apoio, como um círculo de mulheres ou um guia espiritual, também pode ser fundamental para atravessar os momentos mais difíceis com resiliência.

Durante a jornada da alma, a mulher pode encontrar apoio em seus guias espirituais e ancestrais, que atuam como protetores e mentores. Esses guias podem se manifestar de várias formas, como figuras arquetípicas, antepassados, animais de poder ou até mesmo através de sonhos e sincronicidades. Eles oferecem orientação e proteção, ajudando a mulher a reconhecer seu caminho e a tomar decisões que estão alinhadas com sua missão de vida.

Para estabelecer uma conexão com esses guias, práticas como meditação, visualizações guiadas e o uso de oráculos podem ser úteis. Criar um altar com símbolos ou objetos que representem os guias também pode fortalecer essa relação, tornando-a uma parte importante do processo de crescimento espiritual.

A jornada da alma exige momentos de silêncio e introspecção, onde a mulher pode se desconectar das distrações externas e ouvir a voz interior. Esses momentos são essenciais para o autoconhecimento, pois permitem que ela explore seus sentimentos, pensamentos e intuições mais profundos. A prática regular de meditação ou simplesmente passar tempo na natureza pode ajudar a cultivar essa conexão com o eu interior.

O silêncio é uma forma de entrar em contato com o sagrado e reconhecer a própria espiritualidade. Durante esses momentos, a mulher pode experimentar uma sensação de unidade com o universo e uma compreensão mais profunda de seu propósito e de sua missão de vida.

À medida que a mulher avança em sua jornada da alma, ela experimenta um despertar gradual de sua consciência, onde começa a perceber a realidade sob uma perspectiva mais ampla. Esse processo envolve a expansão espiritual, que é o reconhecimento de que o mundo físico é apenas uma manifestação de uma realidade mais profunda e sutil.

O despertar da consciência pode ocorrer de forma gradual ou repentina, e muitas vezes é acompanhado por experiências místicas ou insights profundos sobre a natureza da vida. Essas experiências trazem uma sensação de conexão com o divino e com o todo, proporcionando uma compreensão mais profunda da própria essência e do papel que se desempenha na existência.

A jornada da alma é um caminho contínuo de aprendizado e crescimento. Cada experiência, seja ela positiva ou desafiadora, traz lições que precisam ser integradas ao ser para promover a evolução espiritual. Esse processo de integração é essencial para a cura e para o fortalecimento da alma, permitindo que a mulher se torne uma versão mais autêntica de si mesma.

A integração pode ser facilitada através de práticas como a escrita em diário, onde as reflexões e os aprendizados são registrados, ou através de rituais de encerramento, que ajudam a completar os ciclos e a preparar a alma para novos começos.

O objetivo final da jornada da alma é encontrar a paz interior e alcançar a realização espiritual. Isso não significa estar livre de problemas ou desafios, mas sim encontrar um estado de aceitação e equilíbrio, onde a mulher é capaz de viver em harmonia consigo mesma e com o mundo ao seu redor.

A realização espiritual envolve reconhecer que a verdadeira felicidade e plenitude vêm de dentro, e não das conquistas ou dos bens materiais. Ao alcançar esse estado, a mulher percebe que a jornada é tão importante quanto o destino e que cada passo dado em direção ao autoconhecimento a aproxima do divino.

Capítulo 8
Os Ritos de Passagem Femininos

Os ritos de passagem femininos são tradições e cerimônias que marcam momentos importantes na vida de uma mulher, simbolizando a transição de uma fase para outra. Essas práticas rituais têm raízes antigas e podem incluir a celebração de ciclos naturais, como a menarca (primeira menstruação), a maternidade e a menopausa. No contexto do sagrado feminino, esses ritos são vistos como oportunidades para honrar as mudanças físicas e espirituais que ocorrem ao longo da vida, oferecendo uma maneira de celebrar a transformação e o crescimento.

Os ritos de passagem são momentos de celebração, reflexão e integração. Eles representam as transições essenciais da vida, ajudando a mulher a se reconectar com sua essência e a aceitar os ciclos de mudança. Essas cerimônias não apenas marcam o tempo, mas também fornecem uma estrutura para a transformação pessoal e a renovação espiritual, permitindo que a mulher aceite as mudanças com consciência e gratidão.

Historicamente, os ritos de passagem femininos foram momentos de união comunitária, onde as mulheres mais velhas guiavam as mais jovens, transmitindo conhecimentos e sabedoria. Ao reconhecer esses marcos, a mulher é lembrada de que sua vida é parte de um ciclo maior, onde cada fase tem seu propósito e valor.

A menarca, ou a primeira menstruação, é um dos ritos de passagem mais significativos na vida de uma mulher. Esse momento marca a transição da infância para a adolescência e é considerado um sinal de entrada no mundo das mulheres. Em muitas culturas, a menarca era celebrada com rituais que honravam o corpo e a conexão com a natureza, destacando o poder da fertilidade e o vínculo com a Mãe Terra.

Nos tempos modernos, esse rito de passagem muitas vezes é tratado como um evento biológico sem importância espiritual. No entanto, resgatar a celebração da menarca pode ajudar as jovens a entenderem melhor seus corpos e a reconhecerem a menstruação como um aspecto sagrado e natural de suas vidas. Realizar uma cerimônia em que a jovem recebe bênçãos e ensinamentos das mulheres mais velhas pode ser uma forma de reforçar essa conexão e transformar a menarca em uma experiência positiva e empoderadora.

A maternidade é outro importante rito de passagem, marcando a transição para um novo papel na vida de uma mulher. Durante a gravidez, o corpo se transforma e a mulher experimenta um profundo despertar do seu poder criativo e nutridor. Em muitas tradições, a gravidez e o nascimento eram cercados de rituais para proteger a mãe e o bebê, celebrar a vida e fortalecer os laços comunitários.

Os rituais de maternidade podem incluir cerimônias de bênção do ventre, onde amigos e familiares se reúnem para oferecer apoio, amor e presentes simbólicos que ajudam a futura mãe a se preparar para o nascimento. O pós-parto também pode ser um momento sagrado, com práticas que honram a transição da mulher para a maternidade, fornecendo tempo e espaço para que ela se recupere física e espiritualmente.

A menopausa é frequentemente vista na sociedade moderna como o fim da fertilidade e, por extensão, da relevância da mulher. No entanto, no contexto do sagrado feminino, a menopausa é um rito de passagem que simboliza a transição para a fase da sabedoria. Durante essa fase, a mulher é vista como uma guardiã do conhecimento e uma mentora para as gerações mais jovens.

As cerimônias de menopausa podem ser utilizadas para celebrar essa fase de libertação e renovação, onde a mulher abraça sua identidade sem as expectativas de cuidar de filhos pequenos ou seguir padrões sociais. Ritualizar a menopausa ajuda a mulher a reconhecer o valor de sua experiência de vida e a se reconectar com seu poder interior de forma plena e consciente.

Cada rito de passagem oferece uma oportunidade para transformação pessoal. Durante essas transições, a mulher é convidada a refletir sobre quem ela é e quem deseja se tornar. Através do ritual, ela pode expressar suas intenções e desejos, libertar-se do passado e abraçar o novo. Os ritos de passagem são, portanto, momentos de profunda introspecção e renovação, ajudando a mulher a reconhecer e aceitar as mudanças em sua vida com coragem e sabedoria.

Embora muitos ritos de passagem tradicionais tenham se perdido com o tempo, é possível adaptá-los para o contexto moderno, mantendo seu significado e relevância. Por exemplo, rituais de menarca podem ser celebrados em casa, com um círculo de mulheres que compartilham histórias e sabedoria, enquanto cerimônias de bênção do ventre podem incluir práticas de bem-estar, como massagens, meditações e oferendas.

O importante é que esses ritos sejam significativos para a mulher e reflitam suas crenças e valores. As cerimônias não precisam seguir uma estrutura rígida; elas podem ser criativas e pessoais, respeitando a singularidade de cada jornada.

Os ritos de passagem femininos estão intimamente ligados aos ciclos da natureza, como as fases da lua, as estações do ano e os ciclos de nascimento e morte. Quando uma mulher celebra essas transições em harmonia com os ritmos naturais, ela se reconecta com a Mãe Terra e com o fluxo da vida. Essa reconexão é essencial para o sagrado feminino, pois ensina a mulher a aceitar os ciclos de crescimento, declínio e renascimento em todas as suas formas.

Práticas como observar os ciclos lunares, realizar rituais de purificação a cada mudança de estação ou meditar sobre o ciclo menstrual são formas de integrar os ritos de passagem na vida cotidiana. Essas práticas ajudam a mulher a se alinhar com os ritmos naturais e a cultivar um estado contínuo de conexão com o divino.

Os círculos de mulheres desempenham um papel importante nos ritos de passagem, fornecendo apoio e orientação durante as transições. Esses círculos são espaços seguros onde a mulher pode compartilhar suas experiências, receber conselhos e participar de rituais significativos. A presença de outras mulheres fortalece o senso de pertencimento e cria uma rede de suporte emocional e espiritual.

Durante os ritos de passagem, o círculo pode funcionar como um espaço de iniciação, onde a mulher é "apresentada" a uma nova fase de sua vida. Isso reforça a importância dos laços comunitários e o papel das mulheres mais velhas como mentoras e guardiãs do conhecimento.

Celebrar os ritos de passagem também é uma forma de cura ancestral, pois resgata práticas que foram transmitidas de geração em geração. Esses rituais honram as antepassadas que viveram antes de nós e que seguiram os mesmos ciclos de vida. Ao realizar os ritos, a mulher reconhece e honra suas raízes, criando uma ponte entre o passado e o presente.

Essa conexão com a ancestralidade pode trazer um profundo sentimento de pertencimento e continuidade, ajudando a mulher a curar traumas intergeracionais e a se sentir parte de uma linhagem de sabedoria e poder.

Capítulo 9
O Resgate da Deusa Interior

O resgate da Deusa Interior é um processo de reconexão com o arquétipo da deusa, que simboliza o poder, a sabedoria e a essência divina que reside em cada mulher. Essa jornada envolve a transformação pessoal e a aceitação de todos os aspectos do ser, incluindo as sombras e as luzes. A Deusa Interior não é apenas um conceito espiritual, mas uma força arquetípica que influencia a maneira como a mulher se vê e interage com o mundo ao seu redor. Este capítulo explora a importância de despertar e cultivar essa força interior, trazendo à tona o potencial divino latente em cada uma.

O arquétipo da Deusa é uma representação universal do feminino sagrado, presente em várias culturas e tradições espirituais ao redor do mundo. Ele personifica diferentes aspectos do feminino, como a criadora, a curadora, a guerreira, a amante e a sábia. Cada mulher possui, em seu interior, a capacidade de manifestar essas facetas, que podem ser evocadas conforme as necessidades e os desafios da vida.

O resgate da Deusa Interior significa recuperar essa pluralidade de forças e energias, integrando-as de forma consciente para transformar a vida e alcançar uma maior plenitude. Ao invocar os arquétipos da deusa, a mulher encontra uma fonte de inspiração e orientação que a ajuda a se alinhar com seu propósito mais profundo.

Reconectar-se com a Deusa Interior é uma jornada que envolve a cura das feridas emocionais, o despertar da intuição e a aceitação da própria essência. Esse processo pode ser iniciado através de práticas espirituais, como a meditação, a visualização e os rituais sagrados, que permitem à mulher acessar e despertar os aspectos latentes de sua divindade interior.

Uma prática eficaz para essa reconexão é a criação de um espaço sagrado onde a mulher possa meditar ou realizar rituais de devoção. Criar um altar com imagens ou símbolos que representem a Deusa ou aspectos do feminino sagrado pode ajudar a estabelecer uma ligação mais profunda com essa energia. A repetição de mantras, cânticos e orações também pode reforçar essa conexão, fortalecendo o vínculo com a Deusa Interior.

Ao longo da história, diversas culturas veneraram deusas que representavam diferentes facetas do feminino sagrado. Por exemplo, na mitologia grega, Afrodite personifica a deusa do amor e da beleza, enquanto Atena representa a sabedoria e a estratégia. Na tradição hindu, Kali simboliza a destruição e o renascimento, trazendo a energia transformadora que destrói o que não serve mais para dar espaço ao novo.

Esses arquétipos podem ser invocados para trabalhar com qualidades específicas da Deusa Interior, dependendo da fase da vida ou dos desafios que a mulher está enfrentando. O estudo dessas figuras arquetípicas ajuda a ampliar a compreensão do sagrado feminino e a resgatar aspectos esquecidos ou reprimidos da própria essência.

A jornada para resgatar a Deusa Interior também implica reconhecer e integrar a sombra — os aspectos menos aceitos ou reprimidos do ser. A sombra é parte da totalidade da Deusa, e negar sua existência pode levar ao desequilíbrio. Quando esses aspectos sombrios são reconhecidos e trabalhados, eles se transformam em fontes de poder e sabedoria.

Trabalhar com a sombra envolve aceitar as emoções difíceis, como raiva, medo ou tristeza, e compreender que elas têm um papel a desempenhar no crescimento pessoal. Através de práticas de autocura, como a escrita terapêutica ou a visualização, a mulher pode explorar suas sombras com compaixão, transformando-as em aspectos integrados da Deusa Interior.

Rituais específicos podem ser realizados para evocar a Deusa Interior e fortalecer a conexão com o feminino sagrado. Um exemplo de ritual é a "cerimônia do espelho", onde a mulher se olha profundamente no espelho e pronuncia afirmações positivas, reconhecendo a divindade dentro de si. Outra prática comum é a "dança sagrada", em que os movimentos são usados para expressar diferentes facetas da Deusa, como a sensualidade, a força ou a cura.

Os rituais de lua cheia também são ideais para invocar a Deusa Interior, pois a lua é um símbolo do feminino e representa ciclos de renovação e transformação. Durante esses rituais, a mulher pode meditar, acender velas, usar óleos essenciais ou trabalhar com cristais para amplificar a energia e a intenção.

Despertar a Deusa Interior é, acima de tudo, um ato de amor próprio. Significa aceitar e valorizar todas as partes do ser, incluindo as imperfeições. O amor próprio é a base do empoderamento feminino, pois permite que a mulher se liberte de padrões de autocrítica e julgamentos, reconhecendo-se como uma expressão do divino.

Cultivar o amor próprio pode incluir práticas diárias de autocuidado, como dedicar tempo para relaxar, cuidar do corpo e da mente, ou simplesmente expressar gratidão por quem se é. A mulher que desperta sua Deusa Interior encontra um sentimento de

Quando a Deusa Interior é despertada, ela influencia positivamente todas as áreas da vida, incluindo as relações interpessoais. A mulher que reconhece sua essência divina interage com o mundo a partir de uma posição de autoconfiança e amor. Essa consciência se reflete em suas escolhas e na forma como lida com desafios.

Na vida cotidiana, o despertar da Deusa Interior inspira ações que são guiadas pela intuição, pela sabedoria e pelo coração. Ela ajuda a mulher a viver de forma autêntica e a expressar sua verdade, sem medo de julgamentos. Isso transforma as interações e cria um ambiente mais harmonioso e enriquecedor.

O arquétipo da Deusa também representa o ciclo contínuo de morte e renascimento, onde aspectos do ser são transformados para dar lugar a novas expressões da vida. Assim, o resgate da Deusa Interior envolve aceitar a constante mudança e estar disposta a deixar ir o que não serve mais.

Rituais de liberação, como escrever e queimar cartas de desapego ou realizar meditações de renascimento, podem ser ferramentas poderosas para encerrar ciclos e abrir espaço para novas experiências. A Deusa Interior, como símbolo do renascimento, encoraja a mulher a abraçar as mudanças e a ver cada transição como uma oportunidade para se reinventar.

O resgate da Deusa Interior não é um evento único, mas uma jornada contínua. Cada experiência de vida é uma oportunidade para aprofundar essa conexão e cultivar o poder divino. Ao longo do tempo, a mulher aprende a viver em harmonia com sua natureza divina, permitindo que a Deusa se expresse livremente.

Manter uma prática espiritual regular, participar de círculos femininos e explorar diferentes formas de expressão artística e espiritual são maneiras de manter viva essa conexão. A jornada de resgate e cultivo da Deusa Interior é, acima de tudo, uma celebração do sagrado feminino e do potencial divino presente em cada mulher.

Capítulo 10
Ciclos Lunares e Feminilidade

Os ciclos lunares estão profundamente conectados à feminilidade e ao sagrado feminino. A lua, com suas fases cíclicas, reflete a natureza cíclica do corpo feminino e sua capacidade de renovação e transformação. As fases da lua influenciam não apenas o ciclo menstrual, mas também os estados emocionais, espirituais e energéticos das mulheres. Neste capítulo, exploraremos como a lua impacta a vida feminina, a forma de viver em harmonia com seus ritmos e as práticas espirituais que podem ser incorporadas para fortalecer essa conexão.

A conexão entre a lua e os ciclos femininos é antiga e reverenciada em várias culturas. O ciclo menstrual da mulher, que geralmente dura cerca de 28 dias, se alinha com o ciclo lunar, que também leva aproximadamente 29 dias para completar suas fases. Cada fase da lua - nova, crescente, cheia e minguante - representa diferentes energias e qualidades que podem ser observadas e vivenciadas no ciclo da mulher.

Historicamente, as mulheres se reuniam em círculos durante a lua nova ou cheia para celebrar e honrar seus corpos e o sagrado feminino. Esses encontros, muitas vezes conhecidos como "cabanas de lua" ou "tendas vermelhas", eram momentos de introspecção, cura e fortalecimento dos laços comunitários.

2. As Fases da Lua e Seus Significados

Cada fase lunar possui uma energia específica que pode influenciar o estado emocional e espiritual das mulheres. Compreender essas fases ajuda a mulher a alinhar suas práticas e intenções com o fluxo natural da lua.

A lua nova representa um momento de renascimento e novos começos. É um período de introspecção, onde a mulher pode definir suas intenções e plantar sementes para o ciclo que está por vir. É o momento ideal para iniciar projetos, rituais de manifestação e meditações voltadas para o crescimento pessoal.

Durante a lua crescente, a energia começa a aumentar, simbolizando o crescimento e o progresso. É um momento para agir em direção às intenções estabelecidas na lua nova, investir em projetos e se concentrar no desenvolvimento. Essa fase é favorável para rituais de fortalecimento e expansão.

A lua cheia representa o ápice da energia lunar e simboliza a plenitude e a realização. É um período de grande poder, onde as emoções são intensificadas e os rituais de celebração e agradecimento são realizados. Durante a lua cheia, a mulher pode se conectar profundamente com sua intuição e realizar práticas de liberação e purificação.

A fase minguante marca o declínio da energia, convidando à introspecção, ao descanso e à renovação.

É um momento para deixar ir o que não serve mais, fazer rituais de limpeza e desapego, e preparar-se para o próximo ciclo. Essa fase é ideal para práticas de cura emocional e meditações de encerramento de ciclos.

Trabalhar com os ciclos lunares pode ser uma prática espiritual poderosa que ajuda a mulher a se alinhar com a natureza e a honrar sua própria ciclicidade. Algumas práticas que podem ser realizadas durante cada fase incluem:

Lua Nova: Criação de um altar com elementos que representem novos começos, como sementes ou cristais de quartzo claro. Escrever intenções em um papel e enterrá-las na terra também é uma prática comum para manifestar desejos.

Lua Crescente: Realizar atividades que promovam o crescimento, como escrever em um diário de gratidão, praticar yoga ou meditação voltada para a expansão do chakra do coração. Plantar ervas ou flores também é uma maneira de representar o crescimento.

Lua Cheia: Meditar ao ar livre, sob a luz da lua, e realizar rituais de gratidão. Tomar banhos de ervas ou cristais para limpar as energias e carregar o corpo de luz lunar são práticas comuns durante essa fase.

Lua Minguante: Fazer rituais de purificação com água salgada ou incenso, cortar cordões energéticos com o passado e praticar o descanso consciente. É uma fase de cura e restauração, onde é essencial respeitar a necessidade de desacelerar.

A lua é frequentemente vista como um arquétipo do feminino, representando a mutabilidade, a intuição e a fertilidade. Ela simboliza as várias fases que uma mulher atravessa ao longo da vida: donzela, mãe e anciã. Essas fases estão em constante movimento, assim como as fases da lua, refletindo a capacidade da mulher de se adaptar e de se transformar.

A lua nova representa a donzela, com seu potencial de crescimento e renovação. A lua cheia simboliza a mãe, com sua plenitude e capacidade de nutrir. A lua minguante, por sua vez, personifica a anciã, a guardiã da sabedoria e da introspecção. Trabalhar com esses arquétipos lunares pode ajudar a mulher a honrar suas próprias fases de vida e a se conectar mais profundamente com o sagrado feminino.

Muitas mulheres observam que seus ciclos menstruais se alinham com as fases da lua, e essa sincronicidade pode ser uma fonte de insights e práticas espirituais. Algumas menstruam durante a lua nova, o que é considerado um momento de renovação interna, enquanto outras menstruam na lua cheia, simbolizando a liberação e a purificação.

Registrar o ciclo menstrual em um "calendário lunar menstrual" pode ajudar a identificar padrões e a compreender melhor como a energia lunar influencia o corpo e as emoções. Essa prática de autocuidado promove uma maior conexão com o próprio corpo e ajuda a mulher a viver em harmonia com os ciclos naturais.

A lua é um símbolo poderoso na magia feminina, sendo frequentemente utilizada em rituais e feitiços para fortalecer intenções e manifestar desejos. Cada fase lunar oferece uma energia única que pode ser canalizada para diferentes propósitos, como amor, proteção, prosperidade e cura. Por exemplo, a lua cheia é ideal para rituais de amor e proteção, enquanto a lua nova é favorável para feitiços de novos começos.

Usar cristais, ervas e óleos essenciais que correspondem a cada fase lunar pode potencializar os efeitos dos rituais. Incorporar a magia lunar na prática espiritual diária é uma maneira de honrar o sagrado feminino e aproveitar a sabedoria ancestral que a lua oferece.

Não é necessário realizar rituais elaborados para se conectar com a lua. Práticas simples podem incluir observar a lua todas as noites, registrar reflexões em um diário lunar ou criar um altar lunar em casa. O importante é cultivar um estado de presença e consciência, respeitando os próprios ciclos e os ritmos da natureza.

Outra prática cotidiana é carregar consigo uma pedra lunar, como a pedra da lua ou a selenita, que são conhecidas por suas propriedades espirituais e pela capacidade de amplificar a energia lunar. Essas pedras podem ser usadas para meditação, colocadas em altares ou usadas como amuletos.

Os ciclos lunares também possuem um poder de cura profundo. Trabalhar com a lua pode ajudar a mulher a processar emoções, lidar com mudanças e liberar padrões antigos que já não servem mais. Os rituais de cura lunar podem incluir banhos de ervas, meditações guiadas e a escrita terapêutica, onde a mulher escreve o que deseja liberar e depois queima o papel, simbolizando a purificação.

Essa prática de cura ajuda a mulher a se conectar com suas emoções mais profundas e a se curar de dentro para fora, usando a energia transformadora da lua como um catalisador.

Capítulo 11
O Sagrado no Cotidiano

Trazer o sagrado para o cotidiano é uma maneira de integrar a espiritualidade à vida prática, transformando ações simples em momentos de conexão com o divino. Ao aprender a ver o sagrado em cada atividade, a mulher pode tornar a rotina uma expressão contínua de sua essência espiritual, encontrando significado em gestos diários. Esse capítulo explora formas de incorporar a espiritualidade nas ações cotidianas e cultivar uma consciência que permite perceber o divino em todas as coisas.

O sagrado não precisa estar restrito a grandes eventos ou rituais elaborados. Ele pode ser encontrado nas pequenas coisas, desde o simples ato de lavar as mãos com consciência até o prazer de desfrutar de uma refeição preparada com carinho. A chave está em trazer atenção plena e intenção para cada ação, transformando o ordinário em extraordinário.

Por exemplo, ao acender uma vela, pode-se visualizar o fogo como uma representação da luz interior e do divino, elevando o ato de acender a chama a um nível espiritual. Pequenos gestos como esse ajudam a lembrar que o sagrado está presente em todos os momentos e que cada ação pode ser um ato de devoção.

Cultivar a prática de estabelecer intenções no início do dia e expressar gratidão no final é uma maneira poderosa de integrar o sagrado ao cotidiano. Iniciar o dia com uma meditação ou simplesmente reservar alguns minutos para refletir sobre as intenções pessoais pode alinhar os pensamentos e ações ao propósito espiritual, tornando a jornada diária mais consciente.

A prática da gratidão, por outro lado, envolve reconhecer as bênçãos recebidas ao longo do dia, sejam elas grandes ou pequenas. Anotar três coisas pelas quais se é grata ao final do dia ou dedicar alguns momentos para refletir sobre elas pode reforçar a sensação de plenitude e a conexão com o divino.

Os rituais ajudam a marcar o tempo e podem ser incorporados na rotina de forma prática e significativa. A seguir, algumas sugestões de rituais diários que ajudam a trazer o sagrado para o cotidiano:

Começar o dia com um momento de silêncio, meditação ou leitura inspiradora. Pode-se também acender uma vela ou usar óleos essenciais para criar uma atmosfera de paz e conexão com o divino.

Quando se passa de uma atividade para outra, pequenas pausas podem ser feitas para trazer a consciência ao momento presente. Respirar profundamente, lavar as mãos com atenção plena ou visualizar a luz divina envolvendo o corpo são formas de tornar essas transições sagradas.

Antes de dormir, pode-se realizar um ritual de gratidão ou uma meditação para liberar as tensões acumuladas. Usar cristais ou fazer um banho de ervas também pode ajudar a relaxar e preparar a mente e o corpo para o descanso.

Cada atividade cotidiana pode ser encarada como uma oferenda ao divino. Cozinhar, por exemplo, pode se transformar em um ato de devoção ao preparar os alimentos com intenção e gratidão, reconhecendo a energia vital que eles fornecem. Da mesma forma, limpar a casa pode ser visto como um ritual de purificação, em que se limpa não apenas o espaço físico, mas também o campo energético do lar.

Ao abordar as atividades diárias com essa mentalidade, a mulher não apenas cumpre suas responsabilidades, mas também se envolve em práticas espirituais que elevam sua vibração e a ajudam a manter a conexão com o sagrado.

Um altar pessoal pode ser um ponto focal para a prática espiritual cotidiana. Esse espaço sagrado pode ser criado em qualquer lugar, seja em uma mesa, estante ou nicho, e pode incluir elementos como velas, cristais, imagens de divindades, ervas, flores e símbolos que representem a conexão com o sagrado.

Usar o altar para meditação, orações ou simplesmente como um local para se sentar em silêncio permite que o sagrado faça parte da rotina diária. Acender uma vela ou colocar uma oferta simbólica no altar, como uma flor ou um cristal, pode ser uma prática diária para fortalecer a conexão com o divino.

A natureza é uma expressão poderosa do sagrado, e passar tempo ao ar livre é uma forma de recarregar as energias e se reconectar com a fonte divina. Caminhar ao ar livre, praticar grounding (estar descalço em contato com a terra), ou simplesmente observar as estrelas à noite são maneiras de trazer o sagrado para o cotidiano.

Mesmo em um ambiente urbano, a mulher pode encontrar formas de se conectar com a natureza, como cuidar de plantas em casa, praticar jardinagem ou reservar um tempo para observar o céu. Essas práticas ajudam a estabelecer uma conexão com os ciclos naturais e a perceber o divino presente em todas as coisas vivas.

Afirmações e mantras são ferramentas poderosas para manter a mente focada no sagrado e transformar pensamentos negativos em positivos. Repetir uma afirmação ou um mantra ao longo do dia pode ajudar a elevar a vibração, trazer clareza e fortalecer a conexão com o divino.

As afirmações podem ser simples, como "Eu sou uma expressão do divino" ou "Estou em harmonia com o universo". Mantras tradicionais, como "Om" ou "So Hum", também podem ser usados para trazer a mente ao momento presente e reforçar a intenção de viver de forma sagrada.

Viver o sagrado no cotidiano também envolve a maneira como a mulher se relaciona com os outros. Praticar a compaixão, a empatia e o respeito são formas de manifestar o divino nas interações diárias. Pequenos gestos, como ouvir com atenção, expressar gratidão ou oferecer ajuda, podem transformar uma simples interação em um ato sagrado.

Participar de círculos de mulheres, grupos de meditação ou eventos espirituais é uma maneira de cultivar a espiritualidade em comunidade, reforçando os laços e criando um espaço seguro para a troca de experiências e crescimento conjunto.

O autocuidado é uma forma de honrar o sagrado em si mesma. Reservar tempo para cuidar do corpo, da mente e do espírito não é apenas um ato de amor próprio, mas também uma prática espiritual. O autocuidado pode incluir práticas como massagens, banhos de ervas, alimentação saudável, sono adequado e momentos de descanso.

Quando a mulher reconhece que cuidar de si mesma é uma forma de manter a conexão com o divino, ela transforma o autocuidado em um ato de devoção. Isso a ajuda a sustentar sua energia e a viver de forma mais equilibrada e consciente.

Por fim, a verdadeira prática do sagrado no cotidiano é aprender a ver o divino em todos os aspectos da vida. Desde os momentos de alegria até os desafios, tudo pode ser uma oportunidade de crescimento e aprendizado espiritual. Encarar a vida com essa perspectiva traz mais significado e propósito, permitindo que a mulher viva em constante estado de gratidão e conexão com o sagrado.

Capítulo 12
O Poder das Ervas e Plantas Sagradas

As ervas e plantas sagradas são utilizadas há milênios em práticas espirituais e de cura, sendo consideradas ferramentas poderosas para o bem-estar físico, emocional e energético. Cada planta carrega uma vibração específica e possui propriedades únicas que podem ser aplicadas em rituais, chás, banhos, defumações e outras formas de uso terapêutico. Neste capítulo, exploraremos como as ervas podem ser integradas à prática espiritual diária e quais são suas principais propriedades para promover a cura e o equilíbrio.

Desde as culturas antigas, as ervas são reverenciadas por suas propriedades curativas e espirituais. Povos indígenas, celtas, egípcios e outras tradições ancestrais utilizavam plantas como instrumentos sagrados em cerimônias, oferendas e rituais de cura. A relação com as ervas era vista como um elo direto com a natureza, onde cada planta servia como um intermediário entre o mundo físico e o espiritual.

O uso das ervas estava associado a diferentes aspectos do ser humano, como a purificação do corpo e da mente, a proteção espiritual e a ampliação dos estados de consciência. Essa sabedoria foi transmitida de geração em geração, preservando o conhecimento sobre as propriedades das plantas e suas aplicações rituais.

A seguir, destacamos algumas das ervas mais conhecidas e suas propriedades espirituais, que podem ser usadas em diferentes práticas para promover a cura e o equilíbrio:

Considerada uma erva de purificação, a sálvia é usada em defumações para limpar ambientes e corpos de energias negativas. Queimar folhas de sálvia pode ser uma forma de remover influências densas e promover a clareza mental.

Conhecida por suas propriedades calmantes, a lavanda é ideal para reduzir a ansiedade e promover um estado de paz e serenidade. Pode ser usada em óleos essenciais, sachês ou banhos, ajudando a trazer tranquilidade e relaxamento.

Associado à proteção e ao aumento da vitalidade, o alecrim é utilizado para fortalecer o espírito e trazer clareza mental. Pode ser queimado como incenso, utilizado em óleos ou adicionado em banhos para aumentar a energia.

Tradicionalmente usada para proteção contra o mau-olhado e energias negativas, a arruda é uma erva poderosa para banhos de descarrego e limpeza energética.

Com suas propriedades relaxantes, a camomila é utilizada para acalmar a mente e induzir o sono. Pode ser usada em chás, banhos ou óleos para promover o descanso profundo e a cura emocional.

O sândalo é uma madeira aromática frequentemente usada em incensos e óleos essenciais, conhecida por suas propriedades de proteção e elevação espiritual. Queimar sândalo em rituais pode ajudar a elevar a vibração e a criar um ambiente sagrado.

As ervas podem ser utilizadas de várias formas para fortalecer a prática espiritual e promover a cura. Algumas das formas mais comuns de uso incluem:

Queimar ervas secas para limpar o campo energético e purificar ambientes. A defumação pode ser feita com ervas como sálvia, alecrim, arruda ou mirra. É importante ter a intenção clara ao realizar a defumação, dirigindo o fumo para áreas específicas onde se deseja remover energias negativas.

Banhos espirituais são usados para limpar e renovar as energias do corpo. Podem ser feitos com ervas frescas ou secas, adicionadas à água quente. Cada erva tem uma função específica, por exemplo, a arruda para proteção ou a lavanda para tranquilidade.

Algumas ervas, como a camomila e a hortelã, podem ser ingeridas em forma de chá para trazer equilíbrio interno, aliviar tensões e promover o bem-estar. O ato de beber o chá pode ser realizado como um ritual de conexão com o corpo e a natureza.

Os óleos extraídos de ervas podem ser usados em massagens, difusores ou diretamente no corpo para promover efeitos terapêuticos. A aromaterapia é uma prática eficaz para elevar a energia e harmonizar o ambiente.

As ervas podem ser utilizadas em rituais específicos, dependendo do objetivo espiritual ou energético. Aqui estão algumas sugestões:

Queime um ramo de sálvia ou alecrim e passe a fumaça ao redor do corpo, começando pela cabeça e descendo até os pés. Isso ajuda a limpar o campo áurico e a remover energias densas.

Prepare um banho com água quente, adicionando algumas folhas de arruda e uma pitada de sal grosso. Derrame a água do pescoço para baixo, pedindo a limpeza de toda a negatividade e proteção contra influências externas.

Antes de uma meditação ou momento de introspecção, beba uma xícara de chá de camomila para acalmar a mente e promover a clareza interior. O chá pode ser usado como uma forma de induzir estados meditativos mais profundos.

Adicione algumas gotas de óleo essencial de lavanda em um difusor ou aplique nas têmporas e no pescoço. A lavanda ajuda a reduzir a tensão e promove um estado de relaxamento.

É essencial ter respeito pelas plantas e pela natureza ao utilizar as ervas em práticas espirituais. Colher as ervas com consciência, agradecendo à planta por seu sacrifício, é uma prática importante para honrar o ciclo natural e a energia da Terra. Sempre que possível, escolha plantas de origem sustentável e colhidas de forma ética.

Além disso, é importante usar as ervas com sabedoria e conhecimento. Certifique-se de que a planta escolhida é segura para o uso pretendido, especialmente se for para ingestão.

    Algumas tradições espirituais acreditam que cada planta possui um espírito guardião ou uma energia sagrada. Trabalhar com as ervas também pode envolver uma conexão com esses espíritos, pedindo orientação e ajuda em rituais de cura. Ao tratar as plantas como seres espirituais, a prática com ervas se torna ainda mais profunda e significativa.

    Meditar com uma planta específica, conversar com ela ou simplesmente passar tempo cuidando dela pode fortalecer essa conexão e ajudar a mulher a se alinhar com os ciclos naturais e as energias espirituais da Terra.

    Incorporar as ervas no dia a dia pode ser tão simples quanto adicionar um ramo de alecrim fresco à água do banho ou ter uma planta de lavanda na sala. Pequenas práticas, como colocar uma folha de louro na carteira para atrair prosperidade ou preparar uma infusão de ervas para beber à noite, ajudam a manter a energia elevada e a espiritualidade presente na rotina.

    Essas práticas diárias permitem que a mulher viva de forma mais alinhada com a natureza e com as energias curativas que as plantas oferecem, criando um ambiente harmonioso e sagrado.

Capítulo 13
Cristais e sua Magia

Os cristais são amplamente utilizados em práticas espirituais e de cura devido às suas propriedades energéticas e capacidade de amplificar a vibração e a intenção. Cada cristal possui uma estrutura molecular única que ressoa com diferentes frequências de energia, tornando-os ferramentas poderosas para o equilíbrio e a harmonização do corpo, mente e espírito. Neste capítulo, exploraremos como os cristais podem ser usados para amplificar a energia feminina, facilitar o despertar espiritual e integrar suas propriedades mágicas ao cotidiano.

Desde a antiguidade, os cristais são usados em práticas espirituais e de cura. Civilizações antigas, como os egípcios, gregos e indígenas americanos, reverenciavam as pedras preciosas e semipreciosas por suas propriedades místicas e terapêuticas. Eram utilizados em amuletos, talismãs, ornamentos e rituais, além de serem considerados objetos sagrados que conectavam o humano ao divino.

Ao longo do tempo, o uso dos cristais evoluiu, mas a crença em suas propriedades curativas e espirituais permaneceu. Hoje, eles são amplamente utilizados em terapias alternativas, como a cristaloterapia, e integrados a práticas espirituais para fortalecer a conexão com o sagrado.

Cada cristal carrega uma energia específica e possui propriedades que podem ser usadas para diferentes finalidades espirituais e terapêuticas. A seguir, estão alguns dos cristais mais populares e suas principais propriedades:

Conhecido como "o mestre curador", o quartzo cristal é utilizado para amplificar a energia e a intenção. É uma pedra poderosa para meditação e cura, promovendo clareza mental e conexão espiritual.

Associada à intuição e à espiritualidade, a ametista é usada para proteger o campo áurico e facilitar o acesso a estados meditativos profundos. Também é conhecida por suas propriedades de cura emocional.

O cristal do amor incondicional, o quartzo rosa é utilizado para promover o amor-próprio, a cura emocional e a harmonia nos relacionamentos. É uma pedra que fortalece o coração e ajuda a lidar com traumas afetivos.

Conhecida por suas propriedades de proteção, a turmalina negra é usada para absorver energias negativas e criar um escudo protetor ao redor do campo energético. É ideal para rituais de limpeza e purificação.

A selenita é um cristal de alta vibração, utilizado para limpeza energética e elevação espiritual. Pode ser usada para purificar outros cristais e criar um ambiente harmonioso.

Considerado um cristal de prosperidade e abundância, o citrino é usado para atrair sucesso e manifestar desejos. Ele promove a confiança e estimula a criatividade.

Os cristais podem ser usados de várias maneiras para intensificar a prática espiritual e promover a cura energética. Algumas das formas mais comuns de uso incluem:

Segurar um cristal nas mãos ou colocá-lo sobre os chakras durante a meditação pode ajudar a aprofundar o estado meditativo e facilitar a conexão com a energia do cristal. Por exemplo, a ametista pode ser usada para meditações intuitivas, enquanto o quartzo rosa pode ser utilizado em práticas de autoamor.

Os elixires são preparados colocando cristais na água para energizá-la com as propriedades do cristal. Certifique-se de usar cristais seguros para contato com água, como o quartzo cristal ou a selenita, evitando aqueles que podem liberar substâncias tóxicas.

Os cristais podem ser usados como joias ou carregados no bolso para manter suas propriedades energéticas próximas ao corpo. Isso ajuda a equilibrar a energia e a promover bem-estar ao longo do dia.

Colocar cristais em diferentes áreas da casa pode ajudar a purificar o ambiente e criar uma atmosfera harmoniosa. A selenita e o quartzo cristal são ideais para esse propósito.

Para manter a energia dos cristais, é importante carregá-los e limpá-los regularmente. A limpeza remove quaisquer energias absorvidas e restaura a vibração natural do cristal. Existem várias formas de limpar os cristais:

Passar o cristal sob água corrente pode ajudar a purificá-lo. Evite usar essa técnica em cristais solúveis, como selenita.

Deixar os cristais sob a luz do sol ou da lua por algumas horas é uma forma eficaz de recarregar sua energia. A luz solar é ideal para cristais como citrino, enquanto a luz lunar é indicada para pedras como a ametista.

Usar ervas como sálvia ou incenso para defumar os cristais é uma forma de limpar e energizar as pedras.

Colocar os cristais na terra por 24 horas pode ajudar a recarregá-los e purificá-los, conectando-os novamente à energia da Terra.

Os cristais podem ser incorporados em rituais para diferentes finalidades, como cura, proteção, amor e prosperidade. A seguir, algumas sugestões de rituais:

Coloque uma turmalina negra em cada canto de uma sala ou ao redor do corpo durante uma meditação para criar um escudo protetor contra energias negativas.

Segure um quartzo rosa em suas mãos e visualize uma luz rosa preenchendo seu coração. Repita afirmações de amor-próprio, como "Eu sou digno(a) de amor e respeito", para fortalecer a energia do coração.

Coloque um citrino em seu espaço de trabalho ou no altar e escreva uma intenção de prosperidade. Medite com o citrino e visualize seus objetivos financeiros se manifestando.

Integrar os cristais ao dia a dia pode ser uma maneira simples e eficaz de manter a espiritualidade presente. Algumas ideias incluem:

Colares, anéis e pulseiras feitos de cristais permitem que você carregue a energia da pedra consigo ao longo do dia.

Colocar cristais em locais estratégicos, como o quarto, a sala ou o escritório, ajuda a criar um ambiente energeticamente equilibrado.

Algumas pedras, como a ametista e a selenita, podem ser colocadas sob o travesseiro para promover um sono tranquilo e sonhos intuitivos.

A verdadeira magia dos cristais está na intenção com que são usados. Antes de utilizar um cristal em um ritual ou prática espiritual, programe-o com uma intenção específica. Segure o cristal nas mãos, feche os olhos e concentre-se na intenção desejada, visualizando a energia do cristal amplificando seu objetivo.

Capítulo 14
O Papel da Arte na Expressão do Feminino

A arte tem sido uma forma essencial de expressão do feminino ao longo da história, permitindo que as mulheres manifestem sua essência, emoções e espiritualidade. Através de diferentes formas de arte — pintura, escultura, dança, música, poesia e muitas outras —, o sagrado feminino pode ser honrado e celebrado. Este capítulo explora como a criatividade pode ser usada para expressar e manifestar o sagrado, transformando a arte em uma prática espiritual que integra corpo, mente e alma.

A arte é uma ponte entre o mundo visível e o invisível, permitindo que a intuição e a espiritualidade sejam expressas de maneira tangível. Quando a arte é criada com intenção e consciência, ela se torna uma forma de meditação ativa, onde o artista se conecta com sua essência mais profunda e com o divino. Para a mulher, a prática artística pode ser uma maneira de acessar e expressar aspectos do sagrado feminino que estão além das palavras.

Por exemplo, a pintura intuitiva, onde a artista permite que o movimento do pincel seja guiado pela intuição, pode se transformar em um processo de cura e autodescoberta. Da mesma forma, a escultura ou a cerâmica podem ser usadas para modelar formas arquetípicas femininas, como a deusa ou a mãe, representando diferentes aspectos do sagrado feminino.

Ao longo da história, a arte tem sido usada para representar o sagrado feminino em diversas culturas. Pinturas rupestres e esculturas neolíticas, como a Vênus de Willendorf, mostram a importância do feminino como símbolo de fertilidade e abundância. Na antiguidade, deusas como Ísis, Afrodite e Sarasvati eram representadas em obras de arte que honravam seus atributos sagrados, demonstrando a reverência pelo divino feminino.

Essas representações artísticas são mais do que simples obras de arte; elas servem como portais para o entendimento dos aspectos espirituais do feminino. Ao estudar e criar arte inspirada nessas representações, as mulheres podem se reconectar com sua herança espiritual e reconhecer a importância do sagrado feminino em suas próprias vidas.

A prática artística pode ser uma ferramenta poderosa para a cura emocional e espiritual. Através da arte, é possível expressar sentimentos reprimidos, dar voz a emoções não verbalizadas e processar experiências traumáticas. A arte-terapia, por exemplo, utiliza a criação artística como um meio para explorar e transformar emoções, facilitando a cura.

No contexto do sagrado feminino, a criação artística pode ajudar a mulher a se reconectar com sua essência, explorar suas sombras e integrar aspectos fragmentados de si mesma. Pintar, desenhar ou escrever sobre experiências pessoais pode trazer à tona memórias e sentimentos que precisam ser liberados para que a cura aconteça.

A dança é uma das formas mais antigas de expressão do feminino e é usada em muitas tradições espirituais como uma forma de se conectar com o divino. Movimentos corporais fluidos e ritmados podem ajudar a mulher a liberar tensões, acessar sua energia vital e expressar aspectos do sagrado feminino.

A dança pode ser praticada de forma livre, permitindo que o corpo se mova intuitivamente ao som da música, ou de forma mais estruturada, em danças tradicionais e rituais que celebram o feminino. Por exemplo, a dança do ventre é uma forma de arte que honra a feminilidade e o poder do útero, enquanto a dança circular sagrada promove a conexão entre as mulheres e o fortalecimento dos laços comunitários.

A poesia e a escrita têm sido usadas há séculos como formas de expressão espiritual, e muitas vezes são associadas à conexão com o divino feminino. Poemas inspirados, diários espirituais e escrita intuitiva permitem que a mulher acesse e expresse suas emoções mais profundas, bem como seus insights espirituais.

Escrever sobre experiências pessoais, sonhos ou visões pode ajudar a compreender melhor os processos internos e a jornada espiritual. Além disso, a poesia pode ser usada em rituais, orações e celebrações para invocar aspectos do sagrado feminino e honrar a divindade interior.

A criação de objetos sagrados, como mandalas, totens, amuletos ou altares, é uma prática que combina a arte com a espiritualidade. Esses objetos podem ser criados para fins específicos, como proteção, cura ou celebração, e carregam a intenção e a energia de quem os faz.

Por exemplo, pintar uma mandala pode ser um exercício meditativo que ajuda a centrar a mente e a harmonizar a energia. A criação de altares personalizados, com símbolos e objetos que representem o sagrado feminino, é uma forma de manifestar a devoção e criar um espaço sagrado para a prática diária.

O conceito do "feminino selvagem" refere-se à parte instintiva e livre da mulher, que muitas vezes é suprimida pela sociedade moderna. A arte pode ser um caminho para resgatar essa parte instintiva e despertar a força primordial que reside em cada mulher. Pintar com as mãos, usar materiais naturais e incorporar elementos da natureza à criação artística são formas de manifestar o feminino selvagem.

Ao se permitir criar de forma espontânea e sem julgamentos, a mulher acessa aspectos de sua psique que podem estar adormecidos, promovendo a liberdade de expressão e a redescoberta de sua essência autêntica.

Integrar a arte à rotina diária pode ser uma maneira eficaz de manter a espiritualidade presente no cotidiano. Algumas sugestões incluem:

Manter um caderno onde se possa desenhar, pintar ou escrever livremente como uma forma de expressão diária.

Reservar um tempo para pintar sem um objetivo específico, permitindo que a intuição guie o processo criativo.

Decorar um altar com objetos feitos à mão, como velas personalizadas, pinturas e esculturas.

Essas práticas ajudam a manter a conexão com o sagrado e a manifestar o divino em cada aspecto da vida.

Capítulo 15
A Cura do Corpo e da Alma

A cura do corpo e da alma envolve uma abordagem holística que integra práticas físicas, emocionais, mentais e espirituais para alcançar o bem-estar completo. No contexto do sagrado feminino, essa cura é vista como um processo contínuo de autoconhecimento e transformação, em que o corpo é reconhecido como um templo sagrado e a alma como uma expressão divina. Este capítulo explora técnicas e práticas que ajudam a promover a saúde integral, restaurar o equilíbrio e fortalecer a conexão entre o corpo e a alma.

A cura holística considera o ser humano como um todo, compreendendo que a saúde física está profundamente interligada com o estado emocional e espiritual. Quando uma parte de nós está desequilibrada, isso pode afetar todo o sistema. Portanto, o caminho para a cura envolve cuidar de todos os aspectos do ser, integrando práticas que promovem o equilíbrio entre o corpo, a mente e a alma.

No sagrado feminino, a cura holística se conecta com os ciclos naturais e os elementos, respeitando o ritmo interno do corpo e utilizando técnicas ancestrais que foram transmitidas de geração em geração. Isso inclui o uso de ervas, práticas corporais, rituais espirituais e terapias energéticas.

O corpo é a expressão física do nosso ser e, para mantê-lo saudável, é importante adotar práticas que promovam a vitalidade e o equilíbrio. Algumas práticas corporais que podem ser incorporadas na jornada de cura incluem:

A prática de yoga não só fortalece o corpo físico, mas também promove o relaxamento e a conexão espiritual. Os movimentos e posturas de yoga ajudam a liberar tensões, melhorar a circulação e estimular o sistema endócrino.

A massagem é uma forma poderosa de cura que ajuda a liberar bloqueios energéticos, relaxar os músculos e melhorar a circulação. Massagens com óleos essenciais, como lavanda e alecrim, podem ser usadas para proporcionar um efeito ainda mais calmante.

Movimentar o corpo de forma livre e espontânea ajuda a liberar emoções reprimidas e a revitalizar a energia vital. Dançar ao som de músicas que ressoam com o estado emocional pode ser uma forma de cura física e emocional.

As terapias energéticas visam harmonizar o fluxo de energia no corpo, restaurando o equilíbrio e promovendo a saúde. No sagrado feminino, práticas como o Reiki, a cura prânica e a acupuntura são comuns para tratar desequilíbrios energéticos. Essas terapias atuam nos centros energéticos (chakras) e nos meridianos, desbloqueando a energia estagnada e facilitando o fluxo vital.

Outra prática eficaz é a cura com cristais, onde pedras específicas são colocadas sobre os chakras para equilibrar e fortalecer a energia. Por exemplo, a ametista pode ser usada para abrir o chakra da coroa, promovendo a conexão espiritual, enquanto o quartzo rosa pode ser colocado sobre o coração para trazer cura emocional.

A cura emocional envolve a libertação de traumas e emoções reprimidas que podem estar causando desequilíbrios físicos ou espirituais. Práticas como a escrita terapêutica, a meditação guiada e a terapia de liberação emocional (EFT) ajudam a trazer à tona sentimentos não resolvidos, promovendo a cura e a libertação.

O perdão é um aspecto crucial da cura emocional. Perdoar a si mesma e aos outros libera a energia estagnada e facilita o processo de cura. Ritualizar o perdão, como escrever uma carta e queimá-la para simbolizar a libertação, pode ser uma forma poderosa de transformar emoções negativas em cura.

A terapia sonora é uma prática antiga que usa sons e vibrações para promover a cura e o equilíbrio. O som afeta diretamente o campo energético e pode ajudar a alinhar os chakras, liberar bloqueios e elevar a frequência vibracional do corpo. Cantar mantras, ouvir música meditativa, ou usar tigelas tibetanas e gongos são formas de integrar a cura sonora à prática espiritual.

Os mantras específicos, como "Om" ou "So Hum," são frequentemente utilizados para promover a paz interior e conectar o praticante com a energia universal. Repetir mantras durante a meditação ajuda a silenciar a mente e a focar a intenção na cura.

Os banhos de ervas são práticas comuns no sagrado feminino para purificar o corpo e renovar as energias. Cada erva possui propriedades específicas que podem ser usadas para diferentes finalidades, como cura emocional, proteção ou fortalecimento espiritual. Por exemplo, a arruda é usada para proteção, enquanto a camomila promove o relaxamento.

Além dos banhos de ervas, outras práticas de purificação incluem o uso de defumações com sálvia, incensos e óleos essenciais para limpar o campo energético e trazer paz ao ambiente.

O chakra cardíaco, localizado no centro do peito, é o centro da energia do amor e da cura. Quando esse chakra está bloqueado, pode haver dificuldades em experimentar o amor-próprio, o perdão e a compaixão. Para promover a cura do coração, práticas como meditação, cristais, e respiração consciente podem ajudar a desbloquear e equilibrar o chakra.

Usar pedras como o quartzo rosa ou a esmeralda durante a meditação no chakra cardíaco pode amplificar a energia do amor e trazer cura para feridas emocionais.

A alimentação consciente é uma forma de nutrir o corpo e a alma. Comer alimentos frescos e naturais, preparados com amor e intenção, fortalece a saúde física e apoia o equilíbrio espiritual. A prática de agradecer antes das refeições e de comer de forma consciente pode transformar a nutrição em um ritual sagrado.

Ervas e plantas também podem ser incorporadas na alimentação, como chás de ervas para o equilíbrio emocional ou o uso de especiarias que promovem a saúde digestiva.

O autocuidado é uma prática essencial para a cura e deve ser tratado como um ato de amor-próprio. Reservar tempo para cuidar de si mesma, seja através de práticas de relaxamento, atividades prazerosas ou simplesmente descansar, é fundamental para manter o equilíbrio e a saúde.

Práticas diárias de autocuidado, como tomar um banho relaxante, ler um livro inspirador ou passar tempo em contato com a natureza, ajudam a restaurar a energia vital e a promover a cura.

Capítulo 16
O Renascimento e a Transformação

O renascimento e a transformação são processos fundamentais para o crescimento pessoal e espiritual, especialmente no contexto do sagrado feminino. A vida é marcada por ciclos de morte e renascimento, onde aspectos antigos de nós mesmos são deixados para trás para dar lugar a uma nova versão de quem somos. Esses ciclos refletem as fases da natureza e as mudanças contínuas que ocorrem em nossa jornada. Este capítulo explora a importância de abraçar esses ciclos, praticar o desapego e utilizar rituais de transformação para facilitar o renascimento.

A natureza opera em ciclos: o dia e a noite, as estações do ano, o ciclo lunar e até os ciclos de vida e morte. Da mesma forma, o ser humano passa por ciclos internos que refletem essas mudanças externas. Esses ciclos são naturais e necessários para a renovação, e é fundamental abraçá-los para alcançar um crescimento contínuo.

No sagrado feminino, a compreensão dos ciclos internos, como o ciclo menstrual, é essencial para aceitar a natureza cíclica da vida. Cada fase traz lições e oportunidades para transformação e renascimento, permitindo que a mulher se reconecte com sua essência e viva em harmonia com o ritmo natural.

Para que o renascimento ocorra, é necessário passar pelo processo de desapego e libertação. Isso significa deixar ir o que já não serve mais, sejam crenças, hábitos, relacionamentos ou aspectos da identidade. Esse processo pode ser doloroso, pois envolve encarar o desconhecido e permitir que partes de nós sejam transformadas ou deixadas para trás.

Rituais de desapego, como escrever cartas para partes de si que precisam ser liberadas e queimá-las como forma de simbolizar a transmutação, são práticas eficazes para facilitar a libertação. A visualização do que se deseja deixar ir e a prática do perdão também ajudam a liberar bloqueios que impedem a transformação.

A morte simbólica é um conceito espiritual que representa a necessidade de deixar morrer os aspectos antigos para que o novo possa surgir. Isso pode ser visto em mitologias e rituais antigos onde a morte e o renascimento são celebrados como parte do ciclo natural da vida. O mito de Inanna, deusa suméria que desce ao submundo e renasce, é um exemplo arquetípico de morte simbólica seguida de renovação.

A morte simbólica pode ser trabalhada através de meditações guiadas, onde se visualiza um aspecto antigo de si morrendo e sendo transformado em uma nova versão, mais elevada. Essa prática ajuda a reforçar a ideia de que o fim de algo pode ser o início de uma nova jornada.

Os rituais de renascimento são práticas que celebram o início de novos ciclos e a transformação interior. Esses rituais podem ser realizados em momentos significativos, como aniversários, mudanças de estação, ou fases importantes da vida. Alguns exemplos de rituais de renascimento incluem:

Inspirado no mito da fênix que renasce das próprias cinzas, esse ritual envolve queimar simbolicamente algo que representa o passado, enquanto se acende uma nova chama para simbolizar o renascimento.

A água é um símbolo de renovação e purificação. Realizar um banho de ervas ou um mergulho em um rio pode ser uma prática poderosa para limpar as energias antigas e se preparar para o novo.

Aproveitar os solstícios e equinócios, que marcam mudanças significativas na natureza, pode ser uma oportunidade para rituais que honrem os ciclos de vida, morte e renascimento.

A transformação interior pode ser comparada à alquimia, onde o chumbo, que representa os aspectos densos e limitantes do ser, é transmutado em ouro, simbolizando a essência mais pura e elevada. A alquimia espiritual envolve práticas de autoconhecimento, meditação e rituais que ajudam a transformar as sombras em luz e a liberar o potencial divino.

Uma prática de alquimia espiritual pode envolver meditações com visualização de luz dourada, que simboliza a transmutação e elevação da consciência. Essa prática ajuda a fortalecer o processo de transformação interior e a manifestar uma nova realidade.

A jornada do herói, conceito popularizado por Joseph Campbell, descreve a trajetória de um personagem que enfrenta desafios, passa por uma transformação e retorna com novos conhecimentos. Essa jornada arquetípica se aplica à vida de cada pessoa, que enfrenta momentos de crise, morte simbólica e renascimento.

No contexto do sagrado feminino, a jornada da heroína envolve o resgate do poder interior, a cura de feridas emocionais e a transformação pessoal. Compreender essa jornada ajuda a aceitar os desafios como oportunidades para o renascimento e o crescimento.

O renascimento espiritual é um processo de despertar para uma nova consciência, onde se percebe a vida com uma perspectiva renovada. Esse renascimento pode ocorrer após experiências de crise, transformação ou práticas intensas de autoconhecimento e meditação. É um momento de reconexão com o propósito mais elevado e com a essência espiritual.

Para facilitar o renascimento espiritual, práticas como retiros espirituais, rituais de iniciação e meditações profundas podem ser realizadas para marcar a transição para uma nova fase.

Durante o processo de renascimento e transformação, é importante ter o apoio de uma comunidade ou grupo espiritual. Círculos de mulheres, retiros espirituais ou grupos de meditação podem fornecer o apoio necessário para enfrentar os desafios e acolher o novo ciclo.

O apoio comunitário fortalece a sensação de pertencimento e oferece uma rede de suporte que ajuda a manter o foco e a intenção durante o processo de transformação.

Capítulo 17
A Conexão com a Terra

A conexão com a Terra é uma prática fundamental para o sagrado feminino, pois a Terra é considerada uma Mãe nutridora e uma fonte de energia que sustenta a vida. Estar em contato com a natureza não apenas promove o bem-estar físico, mas também fortalece o vínculo espiritual com o planeta. Este capítulo explora maneiras de cultivar uma relação profunda e consciente com a Terra, práticas de grounding e a importância de honrar a Mãe Terra como uma fonte de equilíbrio e renovação.

A Terra possui uma energia vibrante e curativa que pode ser usada para restaurar o equilíbrio do corpo e da mente. Estar em contato direto com o solo, sentir a grama sob os pés, abraçar uma árvore ou respirar o ar fresco da natureza são formas simples, mas poderosas, de absorver a energia revitalizante do planeta. Essas práticas são conhecidas como grounding ou aterramento.

A energia da Terra ajuda a liberar tensões, dissipar o estresse e promover um sentimento de paz e conexão. Ao nos reconectarmos com a Terra, voltamos ao estado de equilíbrio natural, onde o corpo e a alma se harmonizam.

O grounding é uma técnica que envolve o contato direto com a Terra para equilibrar a energia e promover a estabilidade emocional e espiritual. Algumas práticas de grounding incluem:

Caminhar descalça na grama, areia ou terra ajuda a reconectar o corpo com a energia da Terra. Essa prática simples facilita o fluxo de energia e libera as tensões acumuladas.

Meditar em contato com a natureza, seja em um parque, floresta ou jardim, fortalece a conexão com o planeta e facilita o estado meditativo profundo. Sentar-se em uma posição confortável com as palmas das mãos voltadas para a terra pode intensificar essa prática.

A luz solar é uma fonte natural de energia que revitaliza o corpo e a mente. Tomar banhos de sol de forma consciente, mesmo por alguns minutos ao dia, ajuda a absorver a energia da natureza e promove o bem-estar.

Os quatro elementos — terra, água, fogo e ar — estão presentes em todos os aspectos da vida e desempenham um papel essencial no equilíbrio do corpo e do espírito. No contexto do sagrado feminino, cada elemento é associado a uma qualidade que pode ser incorporada na prática espiritual:

Representa a estabilidade, a segurança e o cuidado. Trabalhar com o elemento terra pode incluir jardinagem, trabalhar com cristais ou caminhar na natureza.

Simboliza as emoções, a intuição e a fluidez. Conectar-se com a água pode ser feito através de banhos de mar, rios ou lagos, bem como pelo consumo consciente de água.

Está associado à transformação, à paixão e à força de vontade. Trabalhar com o fogo pode incluir acender velas, praticar rituais de purificação com a chama ou dançar ao redor de uma fogueira.

Representa o intelecto, a comunicação e a liberdade. Conectar-se com o ar pode ser feito através de práticas de respiração consciente, meditação ao vento ou a utilização de incensos.

Honrar a Mãe Terra é uma prática essencial para aqueles que seguem o caminho do sagrado feminino. Os rituais de gratidão e celebração da natureza ajudam a fortalecer a conexão com o planeta e a cultivar um sentimento de reverência pela vida. Alguns rituais incluem:

Fazer uma oferenda à Terra, como flores, frutas ou cristais, é uma forma de expressar gratidão pela sua abundância. Essa prática pode ser feita em locais sagrados na natureza, como florestas ou montanhas.

Os equinócios e solstícios são momentos ideais para realizar rituais que celebram os ciclos da natureza. Durante essas datas, pode-se acender velas, cantar, dançar ou meditar em grupo, honrando a mudança das estações.

Cuidar de plantas e cultivar alimentos é uma forma prática de se conectar com a Terra e de aprender sobre os ciclos naturais. A jardinagem também promove a cura e o grounding.

A Terra é frequentemente associada ao arquétipo da Mãe, simbolizando a nutrição, o cuidado e a abundância. Em muitas tradições espirituais, a Deusa Mãe é uma figura central, representando a força criadora que dá vida a todas as coisas. Ao se conectar com a energia feminina da Terra, a mulher se reconecta com sua própria essência e poder criativo.

Trabalhar com arquétipos femininos como Gaia, Pachamama ou Deméter pode ajudar a aprofundar essa conexão e trazer uma maior compreensão do papel da mulher como guardiã e cuidadora do planeta.

Cuidar da Terra é também uma prática espiritual. A cura do planeta envolve ações conscientes para preservar o meio ambiente, como reduzir o consumo de plástico, reciclar e apoiar práticas agrícolas sustentáveis. O ativismo espiritual é uma forma de honrar a Mãe Terra, engajando-se em ações que promovam a regeneração do meio ambiente e a proteção dos ecossistemas.

A prática do eco-ritual, onde se realiza um ato de reverência à natureza com a intenção de cura, pode incluir a plantação de árvores, a limpeza de rios ou o apoio a movimentos que visam a proteção da biodiversidade.

Incorporar a natureza no dia a dia pode ser feito de maneiras simples que aumentam a sensação de conexão com a Terra. Algumas sugestões incluem:

Cuidar de plantas dentro de casa é uma forma prática de trazer a energia da natureza para o ambiente e de promover a sensação de grounding.

Reservar tempo para passeios regulares ao ar livre, seja em parques, florestas ou montanhas, ajuda a manter a conexão com o planeta.

Optar por produtos de origem natural, orgânica e sustentável reduz o impacto ambiental e promove um estilo de vida mais consciente.

Historicamente, as mulheres têm desempenhado um papel importante na proteção do meio ambiente e na defesa dos direitos da Terra. O sagrado feminino está intrinsecamente ligado à preservação da vida, e muitas líderes espirituais e ativistas femininas têm sido defensoras da ecologia e da sustentabilidade.

Reconhecer o papel da mulher como guardiã da Terra é essencial para promover a mudança. Envolver-se em projetos comunitários, apoiar causas ambientais e educar as próximas gerações sobre a importância de cuidar do planeta são maneiras de honrar esse papel e fortalecer a conexão com a Mãe Terra.

Capítulo 18
O Feminino e o Sagrado Masculino

O equilíbrio entre o feminino e o masculino é essencial para uma vida harmoniosa e plena. No contexto do sagrado feminino, a integração dessas duas energias complementares permite que o ser humano alcance um estado de totalidade, onde o aspecto receptivo, intuitivo e nutridor do feminino se une à força, clareza e ação do masculino. Este capítulo explora a importância de compreender e integrar o sagrado feminino e o sagrado masculino, mostrando como essa união pode trazer equilíbrio e promover o crescimento pessoal e espiritual.

A energia feminina é frequentemente associada à receptividade, intuição, cuidado e fluidez, enquanto a energia masculina é ligada à ação, força, lógica e estrutura. Essas energias existem dentro de cada indivíduo, independentemente do gênero, e são partes fundamentais do equilíbrio interior.

Quando há um excesso ou falta de uma dessas energias, pode ocorrer um desequilíbrio que afeta o bem-estar e a harmonia interna. Portanto, é importante cultivar tanto o feminino quanto o masculino, permitindo que trabalhem juntos para criar uma vida equilibrada.

Na mitologia e em tradições espirituais, o feminino e o masculino são frequentemente representados como forças divinas complementares. Em muitas culturas, deuses e deusas, como Shiva e Shakti no hinduísmo ou Ísis e Osíris no antigo Egito, simbolizam a união dessas energias. Essas figuras mitológicas ilustram a importância do equilíbrio e da cooperação entre o feminino e o masculino para criar e sustentar a vida.

Explorar esses arquétipos pode ajudar a compreender melhor as dinâmicas entre as duas energias e a importância de honrar e integrar ambos os aspectos em nossa jornada espiritual.

Existem diversas práticas espirituais e cotidianas que podem ajudar a integrar o feminino e o masculino, promovendo a harmonia interior. Algumas sugestões incluem:

Praticar meditações específicas que visualizam a fusão do feminino e do masculino, permitindo que a mente e o corpo sintam o equilíbrio dessas energias. Por exemplo, visualizar uma espiral de energia prateada (feminina) e dourada (masculina) se unindo pode facilitar a integração.

Trabalhar com arquétipos de divindades que representam o feminino e o masculino pode ser uma forma de explorar os aspectos dessas energias. Escolher figuras que ressoem com a jornada pessoal e usar meditação, oração ou arte para se conectar com elas.

Praticar atividades que equilibram a receptividade e a ação, como danças que exigem tanto movimentos fluidos quanto enérgicos, ou exercícios físicos que combinam força e flexibilidade.

Nos relacionamentos, a dinâmica entre o feminino e o masculino pode se manifestar de várias maneiras. Quando ambos os parceiros estão conscientes de suas energias e trabalham para manter um equilíbrio saudável, o relacionamento se torna mais harmonioso e pleno. Isso não significa que um parceiro deva ser exclusivamente "feminino" e o outro "masculino", mas sim que ambos devem aprender a incorporar as qualidades das duas energias, tanto na parceria quanto em si mesmos.

Práticas como a comunicação consciente, o apoio mútuo e o respeito pelos momentos em que uma energia precisa ser mais expressa do que a outra são essenciais para cultivar um relacionamento equilibrado.

Assim como existem aspectos positivos do feminino e do masculino, há também suas sombras. A sombra do masculino pode se manifestar como agressividade excessiva, controle e dominação, enquanto a sombra do feminino pode surgir como passividade, manipulação ou medo de se expressar.

Curar essas feridas envolve reconhecer e aceitar os aspectos sombrios de ambas as energias, trazendo luz a essas áreas para transformá-las. Práticas como terapia, rituais de liberação e meditações profundas podem ajudar a curar feridas ancestrais e promover a integração saudável do feminino e do masculino.

O caminho do guerreiro e da sacerdotisa é uma metáfora para a integração do sagrado masculino e feminino. O guerreiro representa a força, a coragem e a ação, enquanto a sacerdotisa simboliza a intuição, a sabedoria e o cuidado. Juntos, eles formam uma união que permite viver uma vida de propósito, equilíbrio e espiritualidade.

Explorar o caminho do guerreiro e da sacerdotisa pode ser feito através de rituais que combinem elementos de força e suavidade, como lutas marciais meditativas, yoga ou cerimônias que honram o papel de cada energia na jornada pessoal.

Para integrar o feminino e o masculino no dia a dia, é importante cultivar práticas conscientes que promovam o equilíbrio. Algumas sugestões incluem:

Aprender a equilibrar momentos de descanso e reflexão com períodos de atividade e trabalho. Por exemplo, após uma semana de esforço intenso, dedicar um dia à introspecção e ao autocuidado.

Incorporar tanto a comunicação empática e intuitiva (feminina) quanto a comunicação direta e objetiva (masculina), dependendo da situação e da necessidade.

Honrar a energia masculina de proteção estabelecendo limites claros, enquanto se permite a energia feminina de abertura e aceitação em momentos apropriados.

A busca pelo equilíbrio entre o feminino e o masculino é uma jornada contínua de autoconhecimento e transformação. Não se trata de eliminar uma energia em favor de outra, mas sim de integrá-las de forma que se complementem e trabalhem juntas. Esse caminho para a totalidade envolve o reconhecimento de que somos seres complexos, com múltiplas facetas e energias, e que a aceitação e integração dessas partes nos leva à realização espiritual.

Capítulo 19
Mitologia e Arquétipos Femininos

As histórias mitológicas e os arquétipos femininos são fontes ricas de sabedoria e inspiração, oferecendo imagens e narrativas que ajudam a entender os diferentes aspectos do sagrado feminino. Ao longo da história, deusas e figuras míticas representaram atributos como amor, sabedoria, força, transformação e cura. Este capítulo explora a importância de conectar-se com esses arquétipos e como eles podem ser utilizados para o crescimento pessoal e espiritual.

Os arquétipos são padrões universais de comportamento e personalidade que emergem na psique humana. Eles se manifestam em mitos, sonhos e símbolos, representando aspectos profundos da experiência humana. No contexto do sagrado feminino, os arquétipos femininos ajudam a compreender os diversos papéis e fases que uma mulher pode viver, como a mãe, a guerreira, a sábia, a curandeira, a amante, entre outros.

Ao se conectar com esses arquétipos, é possível reconhecer e integrar partes de si mesma que estão adormecidas ou reprimidas. Isso traz à tona uma compreensão mais profunda de quem somos e das forças interiores que podem ser ativadas para promover a transformação.

Diversas culturas ao redor do mundo têm histórias e mitologias que exaltam o sagrado feminino. Essas figuras míticas representam as energias e qualidades femininas e servem como inspiração para a vida cotidiana. A seguir, alguns exemplos de deusas e arquétipos que desempenham papéis importantes na mitologia:

Ísis é uma deusa associada à magia, cura, maternidade e transformação. Ela é a guardiã dos mistérios da vida e da morte, e sua jornada para ressuscitar seu amado Osíris simboliza a busca pela transformação e o poder de cura interior.

Deusa do amor e da beleza, Afrodite representa a energia sensual, o prazer e a expressão do amor. Conectar-se com esse arquétipo pode ajudar a cultivar o amor-próprio e a expressão autêntica da sexualidade.

Kali é a deusa destruidora e transformadora, associada à morte e ao renascimento. Ela representa a força necessária para destruir aquilo que já não serve, permitindo que algo novo possa emergir. Trabalhar com o arquétipo de Kali pode ser útil em momentos de transição e transformação.

Deusa da agricultura e da fertilidade, Deméter é uma figura maternal que nutre e cuida. Sua história de perda e reencontro com sua filha Perséfone é uma metáfora para os ciclos de morte e renascimento e a importância do cuidado.

Além das deusas específicas, existem arquétipos femininos universais que ressoam com diferentes aspectos da vida. Alguns dos arquétipos mais comuns são:

Representa a inocência, o novo começo e o potencial. Está associada à energia de renovação e à curiosidade pela vida.

Simboliza o cuidado, a nutrição e a criação. Não se limita à maternidade física, mas também ao cuidado com projetos, ideias e outras formas de vida.

É a representação da sabedoria acumulada e da introspecção. A anciã é a guardiã dos mistérios e oferece orientação baseada na experiência.

Refere-se aos aspectos sombrios e reprimidos do ser. Trabalhar com a sombra é importante para a cura e a integração das partes negadas de si mesma.

Para acessar e trabalhar com os arquétipos, práticas específicas podem ser incorporadas na vida cotidiana. Algumas sugestões incluem:

Escolha um arquétipo com o qual deseja trabalhar e visualize a si mesma incorporando suas qualidades. Imagine-se interagindo com o arquétipo em um cenário simbólico, onde pode receber orientação ou cura.

Escrever sobre como cada arquétipo se manifesta em sua vida é uma forma de trazer à consciência seus aspectos positivos e desafiadores. Reflita sobre as qualidades que deseja cultivar ou equilibrar.

Pintar, desenhar ou escrever sobre os arquétipos é uma maneira poderosa de integrar essas energias. Pode ser útil criar uma imagem de uma deusa ou arquétipo e refletir sobre o que essa imagem desperta em você.

Cada fase da vida pode ser vista como um ciclo arquetípico, no qual diferentes arquétipos são ativados.

Por exemplo, a juventude pode ser associada à Donzela, enquanto a maternidade se relaciona com a Mãe, e a maturidade com a Anciã. Compreender esses ciclos ajuda a aceitar as mudanças da vida e a honrar as diferentes fases pelas quais uma mulher passa.

Em momentos de transição, é útil realizar rituais que marquem essas mudanças, como celebrações de aniversário, ritos de passagem ou cerimônias de cura para encerrar ciclos antigos e dar boas-vindas ao novo.

A jornada do autoconhecimento envolve o reconhecimento e a integração dos diferentes arquétipos que habitam em nós. Cada arquétipo traz lições e oportunidades de crescimento. Através do trabalho com arquétipos, é possível descobrir forças interiores, curar feridas e manifestar potencialidades adormecidas.

O processo de autoconhecimento pode ser acelerado ao se explorar a narrativa pessoal como uma "jornada arquetípica," onde eventos significativos são interpretados sob a luz dos mitos e arquétipos. Isso ajuda a compreender os desafios e os triunfos como parte de uma história maior e significativa.

Embora cada arquétipo tenha qualidades valiosas, é importante manter um equilíbrio entre eles. Quando um arquétipo domina demais a vida, ele pode se transformar em um aspecto sombrio. Por exemplo, a Mãe superprotetora pode se tornar sufocante, ou a Donzela eterna pode evitar a responsabilidade. Trabalhar com vários arquétipos e buscar integrar seus aspectos positivos e negativos é essencial para um desenvolvimento saudável.

Capítulo 20
Dança como Expressão Espiritual

A dança é uma forma de expressão antiga e poderosa que conecta o corpo, a mente e o espírito. Desde os tempos primordiais, as mulheres utilizaram a dança para celebrar, curar, meditar e se conectar com o sagrado. No contexto do sagrado feminino, a dança vai além de um movimento físico; ela se torna uma prática espiritual que permite liberar emoções, integrar energias e entrar em contato com dimensões mais profundas do ser. Este capítulo explora como a dança pode ser utilizada como uma forma de expressão espiritual e como ela ajuda a cultivar a conexão com o divino.

Em diversas culturas, a dança é utilizada como um ritual para honrar divindades, celebrar eventos sazonais ou induzir estados alterados de consciência. No Egito Antigo, as sacerdotisas dançavam em templos dedicados às deusas; entre os povos indígenas, as danças rituais eram realizadas para invocar espíritos da natureza e para a cura. A dança é considerada uma linguagem universal que transcende palavras e permite uma comunicação direta com o sagrado.

Essa prática antiga ressoa especialmente com o feminino, pois o corpo feminino é visto como um canal para a energia criativa e a transformação. Através do movimento, é possível liberar bloqueios energéticos e expressar aspectos internos que muitas vezes não são acessíveis por meio da fala.

A meditação geralmente é associada à quietude e à imobilidade, mas a dança oferece uma forma alternativa de meditação em movimento. Quando a mulher se entrega ao fluxo do corpo, ela entra em um estado meditativo em que a mente se aquieta e o foco se volta para a experiência do momento presente.

Práticas de dança meditativa, como a dança dos dervixes sufis ou a dança extática, permitem que o corpo se mova livremente ao ritmo da música, sem padrões ou regras fixas. O objetivo é deixar que o corpo guie o movimento, facilitando uma conexão profunda com o ser interior e com o divino.

Existem diversos tipos de dança que podem ser utilizados para promover a conexão espiritual. Cada um possui características únicas que ressoam com diferentes aspectos do sagrado feminino:

Com movimentos fluidos e circulares, a dança do ventre celebra a feminilidade e a energia do útero. É uma prática que honra o corpo feminino como um templo sagrado e desperta a consciência corporal.

Envolve mover-se livremente ao som da música, sem se preocupar com a técnica ou coreografia. A dança extática promove a liberação de emoções reprimidas e a experiência do êxtase espiritual.

Dançar em círculo é uma prática que simboliza a unidade e a conexão com o todo. É uma forma de dançar com propósito e intenção, criando uma atmosfera de cura e harmonia.

Utilizada em rituais xamânicos e sufis, a dança trance visa induzir estados alterados de consciência, permitindo o acesso a dimensões espirituais e à sabedoria interior.

A música desempenha um papel essencial na dança como expressão espiritual, pois o ritmo influencia diretamente o corpo e a mente. Cada batida e melodia têm o poder de evocar diferentes emoções e estados de espírito. Sons de tambores, por exemplo, são frequentemente usados em práticas xamânicas para induzir estados de transe, enquanto a música clássica indiana é conhecida por suas qualidades meditativas.

O uso consciente do ritmo pode amplificar a experiência espiritual da dança. Escolher músicas que ressoem com a intenção do momento — seja para a cura, meditação ou celebração — ajuda a criar um espaço sagrado para a prática.

O corpo humano armazena emoções e experiências passadas, e a dança é uma forma eficaz de liberar essas energias estagnadas. Quando o corpo se move, a energia bloqueada nos músculos e tecidos pode ser liberada, promovendo a cura física e emocional. Dançar pode ajudar a processar traumas, liberar tensões e restabelecer o fluxo natural da energia.

Práticas de dançaterapia, onde a expressão corporal é utilizada como ferramenta terapêutica, são especialmente úteis para trabalhar com emoções reprimidas e promover a integração corpo-mente-espírito.

Rituais de dança são uma forma poderosa de honrar o sagrado feminino e celebrar a vida. Eles podem ser realizados em grupo, em círculos de mulheres, ou de forma individual, com uma intenção específica. Algumas ideias de rituais incluem:

Realizada ao redor de uma fogueira, a dança do fogo simboliza a transformação e a purificação. O fogo é visto como um elemento que consome o antigo e traz o novo.

Celebrada durante as fases da lua, especialmente na lua cheia, a dança da lua conecta a mulher aos ciclos lunares e aos ritmos naturais do corpo.

Integrar os movimentos dos elementos terra, água, fogo e ar na dança ajuda a equilibrar as energias desses elementos dentro de si.

A dança pode ser vista como uma linguagem espiritual, em que o corpo se torna um instrumento de comunicação com o divino. Movimentos específicos podem ser utilizados para expressar gratidão, pedir cura ou manifestar intenções. Quando se dança com consciência, cada gesto se torna uma oração em movimento, e a prática se transforma em uma celebração do sagrado.

A dança é também uma forma de contar histórias e transmitir sabedoria, especialmente em culturas indígenas e africanas, onde os movimentos são usados para narrar lendas e rituais ancestrais.

Para incorporar a dança na prática espiritual cotidiana, é importante reservar um tempo para se mover livremente, mesmo que seja por apenas alguns minutos. Algumas sugestões para incluir a dança no dia a dia são:

Começar o dia com uma breve dança pode ajudar a energizar o corpo e a definir uma intenção positiva para o dia.

Estabelecer rituais de dança, como dançar sob a lua cheia ou no final de um ciclo lunar, ajuda a marcar esses momentos com propósito.

Usar a dança como uma forma de marcar transições, como mudanças de estação, aniversários ou fases importantes da vida.

Capítulo 21
O Silêncio e a Introspecção

O silêncio e a introspecção são práticas poderosas para acessar a sabedoria interior e encontrar a paz profunda que reside dentro de cada um de nós. No contexto do sagrado feminino, o silêncio é visto como um portal para a cura, o autoconhecimento e a conexão com o divino. Quando nos permitimos momentos de quietude, somos capazes de ouvir nossa voz interior e mergulhar nas camadas mais profundas do nosso ser. Este capítulo explora a importância do silêncio e da introspecção na jornada espiritual e apresenta práticas que ajudam a cultivar esses estados.

Em uma sociedade moderna repleta de ruídos e distrações, encontrar o silêncio tornou-se um desafio. No entanto, o silêncio é essencial para a prática espiritual, pois ele cria um espaço sagrado onde podemos acessar nossa essência verdadeira. Momentos de quietude permitem que a mente se aquiete e o coração se abra para ouvir a intuição e a sabedoria da alma.

O silêncio é mais do que a ausência de som; é um estado de presença e conexão consigo mesma. Em muitas tradições espirituais, o silêncio é praticado como forma de meditação, jejum verbal ou retiro de silêncio, onde se busca afastar-se do barulho externo para acessar a paz interior.

A introspecção é o processo de voltar o olhar para dentro e explorar os pensamentos, emoções e crenças que moldam nossa experiência de vida. Essa prática é uma forma de autoinvestigação que permite trazer à luz aspectos inconscientes e padrões de comportamento. Ao se engajar na introspecção, a mulher se torna mais consciente de si mesma e pode identificar o que precisa ser curado, transformado ou cultivado.

O diário espiritual é uma ferramenta eficaz para a introspecção, pois permite registrar pensamentos, emoções e insights que surgem durante os momentos de reflexão. Ao escrever sobre suas experiências, é possível observar padrões e ganhar clareza sobre questões importantes.

Existem várias práticas que podem ser incorporadas para cultivar o silêncio e a introspecção. Algumas sugestões incluem:

Praticar a meditação em um ambiente calmo e silencioso, concentrando-se na respiração ou em um ponto específico do corpo, ajuda a aquietar a mente e entrar em estados profundos de introspecção.

Participar de um retiro de silêncio por alguns dias é uma maneira poderosa de desconectar-se do mundo externo e mergulhar na própria essência. Durante o retiro, evita-se falar, ouvir música ou ler, permitindo que a atenção se volte completamente para o interior.

Andar na natureza sem falar, apenas ouvindo os sons naturais e observando o ambiente, pode ser uma forma de meditação ativa e introspecção. A conexão com a natureza facilita o processo de acalmar a mente.

Quando o silêncio é praticado com intenção, ele se torna uma ferramenta transformadora. No silêncio, podemos encontrar respostas para questões profundas, liberar emoções reprimidas e experimentar a sensação de completude. Momentos de quietude nos permitem processar experiências e sentimentos, ajudando a integrar o que aprendemos na jornada.

Além disso, o silêncio é um meio de reconectar-se com o divino. Muitas vezes, a voz do espírito só pode ser ouvida em momentos de profundo silêncio interior, onde a mente cessa e a alma pode se expressar livremente.

Para muitas pessoas, o silêncio pode ser desconfortável, pois traz à tona pensamentos, emoções e memórias que geralmente são abafados pelo barulho cotidiano. É importante enfrentar esses momentos de desconforto com coragem e compaixão, permitindo que o que surge seja observado sem julgamento.

Enfrentar o desconforto do silêncio pode revelar questões não resolvidas que precisam ser curadas. Ao praticar a aceitação, o silêncio se torna um espaço seguro para explorar o que está no inconsciente e para processar as emoções.

Para que o silêncio e a introspecção façam parte do cotidiano, é necessário criar espaços e momentos dedicados a essas práticas. Algumas maneiras de integrar o silêncio na vida diária incluem:

Começar o dia com alguns minutos de silêncio pode ajudar a definir uma intenção para o dia e promover uma sensação de paz.

Utilizar momentos de transição, como antes das refeições, ao terminar uma atividade ou ao chegar em casa, para praticar o silêncio e a introspecção.

Reservar períodos do dia para desligar aparelhos eletrônicos e se afastar das mídias sociais pode criar espaço para o silêncio e a autorreflexão.

O silêncio pode ser utilizado como uma prática de cura em situações de estresse, ansiedade ou esgotamento emocional. Momentos de silêncio profundo permitem que o sistema nervoso se acalme, proporcionando uma sensação de descanso e renovação. O silêncio também pode ser incorporado em rituais de cura, onde a quietude é utilizada para ouvir a sabedoria interior e receber orientação espiritual.

Práticas como a cura pelo som podem ser complementadas com o silêncio, onde se alterna entre momentos de vibrações sonoras e momentos de quietude para integrar os efeitos do som no corpo e na mente.

No sagrado feminino, o silêncio é frequentemente associado ao útero, que simboliza o vazio criativo onde todas as possibilidades surgem. Assim como o útero acolhe e nutre a vida, o silêncio acolhe e nutre a alma, proporcionando um espaço seguro para o autoconhecimento e a transformação.

O silêncio também é visto como uma prática lunar, pois reflete o aspecto oculto e misterioso da lua. Durante a lua nova, quando o céu está escuro, o silêncio é praticado para honrar o ciclo de introspecção e renovação.

Capítulo 22
A Sexualidade Sagrada

A sexualidade sagrada é uma abordagem que vê a sexualidade como uma expressão divina, um caminho para a conexão profunda com o eu, com o parceiro e com o sagrado. No contexto do sagrado feminino, a sexualidade é honrada como uma força criativa e transformadora, capaz de promover cura, despertar espiritual e expansão da consciência. Este capítulo explora o conceito de sexualidade sagrada e apresenta práticas para cultivar uma relação mais consciente, empoderada e espiritual com a própria sexualidade.

Em muitas tradições espirituais antigas, a sexualidade era considerada uma parte integral da prática religiosa. Deusas como Ísis, Afrodite e Inanna eram reverenciadas como símbolos de fertilidade, amor e poder sexual. Para essas culturas, o ato sexual era uma celebração da vida e da união com o sagrado. Essa visão se contrasta com a abordagem moderna, que muitas vezes desconecta a sexualidade da espiritualidade.

No contexto do sagrado feminino, resgatar a visão da sexualidade como uma expressão divina significa reconhecer o corpo como um templo e honrar o prazer como uma forma de se conectar com o divino. O despertar da energia sexual é visto como uma forma de ativar a força vital, também conhecida como energia Kundalini, que reside na base da coluna vertebral e, quando despertada, percorre todo o corpo, promovendo cura e expansão da consciência.

A sexualidade consciente envolve uma abordagem presente e intencional à vida sexual, onde se busca estar totalmente ciente dos próprios sentimentos, emoções e sensações durante o ato sexual. Essa prática encoraja a mulher a se apropriar de sua sexualidade, rompendo com padrões de repressão, culpa ou vergonha.

Quando a sexualidade é praticada de forma consciente, ela se torna um caminho para o empoderamento. A mulher que reconhece e celebra sua energia sexual sem medo ou culpa pode liberar bloqueios emocionais e espirituais, promovendo uma experiência de vida mais plena e vibrante. Esse empoderamento também fortalece a conexão com a intuição e o poder pessoal.

Existem diversas práticas que podem ser incorporadas para cultivar a sexualidade sagrada. Essas práticas ajudam a conectar a energia sexual com o sagrado e promovem a cura e a expansão da consciência:

A respiração é uma ferramenta poderosa para ativar e direcionar a energia sexual. Durante o ato sexual, respirar de forma consciente e profunda ajuda a intensificar as sensações e a expandir a energia por todo o corpo.

A massagem tântrica é uma prática que visa despertar a energia Kundalini e promover a cura através do toque consciente. Ela pode ser realizada sozinha ou com um parceiro, focando na liberação de tensões e na ativação dos centros de energia.

Celebrar a própria sexualidade através de rituais de amor-próprio, como banhos de ervas, danças sensuais ou o uso de cristais, ajuda a cultivar uma relação saudável e sagrada com o corpo.

No tantra, yoni (vagina) e lingam (pênis) são vistos como portais sagrados de energia. Trabalhar com práticas de yoni e lingam, como exercícios de Kegel ou massagem com óleos essenciais, pode ajudar a liberar bloqueios e despertar a energia sexual.

A energia sexual é uma força poderosa que pode ser direcionada para a cura. Quando despertada e conscientemente utilizada, essa energia pode ajudar a liberar traumas, curar feridas emocionais e restaurar o equilíbrio do corpo e da mente. A prática de canalizar a energia sexual para os centros de energia (chakras) permite limpar bloqueios e promover a cura espiritual.

Para muitas mulheres, a cura da sexualidade envolve enfrentar tabus, traumas ou experiências passadas que causaram dor ou repressão. A prática do perdão, a liberação de emoções reprimidas e a criação de novos rituais de cura são formas de transformar a dor em força.

A união sagrada, também conhecida como hieros gamos, é um conceito que simboliza a união entre o feminino e o masculino sagrados. Essa união não se refere apenas ao ato sexual em si, mas à integração das energias complementares dentro de cada pessoa. Quando a sexualidade é praticada com intenção e presença, ela se torna uma forma de alcançar a totalidade e a conexão com o divino.

A união sagrada pode ser cultivada em um relacionamento amoroso, onde os parceiros se dedicam a explorar juntos a espiritualidade e a sexualidade. A prática de rituais em casal, como meditações tântricas ou danças sensuais, pode fortalecer essa conexão.

No contexto da sexualidade sagrada, o consentimento e o respeito são fundamentais. Cada pessoa é encorajada a honrar seus próprios limites e os do parceiro, garantindo que todas as experiências sejam realizadas com plena consciência e aceitação. Isso significa comunicar abertamente os desejos e necessidades, e estar disposto a respeitar o ritmo e os limites do outro.

Quando o consentimento e o respeito são praticados, cria-se um espaço seguro para que a energia sexual possa fluir livremente, sem medo ou repressão, promovendo uma experiência profunda de conexão e amor.

A Kundalini é a energia latente que reside na base da coluna vertebral, representada por uma serpente enrolada. Quando essa energia é despertada, ela sobe através dos chakras, promovendo uma transformação espiritual. Práticas como meditação, respiração, yoga e a própria sexualidade consciente podem ativar a Kundalini.

O despertar da Kundalini pode ser uma experiência intensa e transformadora, muitas vezes acompanhada de sensações físicas, visões espirituais ou insights profundos. É importante preparar o corpo e a mente para essa experiência através de práticas regulares de autocuidado e espiritualidade.

Para integrar a sexualidade sagrada no dia a dia, é importante cultivar uma abordagem consciente e amorosa à própria sexualidade. Algumas sugestões para praticar a sexualidade sagrada no cotidiano incluem:

Reservar momentos para celebrar o corpo e o prazer, como usar óleos essenciais, velas ou música para criar uma atmosfera sagrada.

Realizar meditações focadas no amor e na aceitação do corpo, ajudando a cultivar uma relação positiva com a própria sexualidade.

Incorporar práticas espirituais no relacionamento amoroso, como meditação em casal, massagens sensuais ou danças, para fortalecer o vínculo.

Capítulo 23
O Feminino Ferido e a Cura Emocional

O feminino ferido é uma expressão que se refere às dores, traumas e feridas emocionais que muitas mulheres carregam, muitas vezes ao longo de gerações. Essas feridas podem ser resultado de experiências pessoais, culturais ou históricas, como abusos, repressão, discriminação ou a desconexão com o próprio corpo e a espiritualidade. O processo de cura emocional é essencial para restaurar a integridade do sagrado feminino e permitir que a mulher encontre seu poder interior. Este capítulo explora como lidar com o feminino ferido e apresenta práticas para promover a cura emocional.

O primeiro passo para a cura é reconhecer as feridas. Muitas vezes, as dores emocionais são ignoradas ou reprimidas, o que pode levar a comportamentos autossabotadores, relações tóxicas ou desconexão com a própria essência. Reconhecer o feminino ferido significa aceitar que existem dores que precisam ser tratadas e acolhidas com compaixão, sem culpa ou julgamento.

Essas feridas podem se manifestar de diferentes maneiras, como medo de se expressar, falta de autoestima, bloqueios sexuais, ou dificuldade em confiar nos outros. Identificar as áreas que precisam de cura é essencial para iniciar o processo de transformação.

Para curar o feminino ferido, é importante acolher e aceitar as emoções. Muitas vezes, sentimentos como tristeza, raiva, culpa ou vergonha são suprimidos, levando a uma desconexão emocional. A prática de acolher essas emoções com compaixão permite que elas sejam processadas e liberadas.

Uma maneira eficaz de acolher as emoções é através da prática do "espaço seguro", onde se cria um ambiente propício para explorar os sentimentos, seja através da meditação, do diário emocional ou de conversas com alguém de confiança. Quando as emoções são trazidas à luz, o processo de cura pode realmente começar.

Existem várias práticas que ajudam a promover a cura emocional e a restaurar o equilíbrio do sagrado feminino. Algumas dessas práticas incluem:

Também conhecida como EFT (Emotional Freedom Techniques), essa prática combina o toque em pontos de acupuntura com a verbalização de emoções para liberar bloqueios energéticos.

Escrever sobre as experiências passadas, sentimentos e insights é uma forma poderosa de processar emoções e compreender a origem das feridas. O diário pode ser utilizado como uma ferramenta de autoconhecimento e expressão.

Realizar rituais simbólicos para liberar emoções reprimidas, como queimar cartas ou objetos que representam dores passadas, pode ser uma forma eficaz de deixar para trás o que não serve mais.

O perdão é um componente essencial da cura emocional. Ele não significa justificar ou esquecer o que aconteceu, mas sim liberar o peso da dor para que a cura possa ocorrer. Perdoar a si mesma e aos outros é um ato de compaixão que permite que a mulher se liberte de traumas e siga em frente com mais leveza.

A compaixão, por sua vez, envolve tratar a si mesma com amor e aceitação, mesmo nos momentos de dor. É importante praticar a autocompaixão ao lidar com o feminino ferido, entendendo que a cura é um processo gradual e contínuo.

O feminino ferido não é apenas uma questão individual, mas também coletiva. Durante séculos, as mulheres sofreram com repressão, desigualdade e violência. Essas feridas coletivas afetam todas as mulheres, independentemente de suas experiências pessoais. Participar de círculos de cura, grupos de apoio ou movimentos feministas é uma forma de trabalhar na cura coletiva e fortalecer a conexão com outras mulheres.

A cura do feminino ferido é um ato de resiliência que honra as mulheres do passado, presente e futuro. Ao curar a si mesma, cada mulher contribui para a cura do coletivo, promovendo a transformação das gerações.

O corpo armazena memórias e emoções, muitas vezes na forma de tensões musculares, doenças ou desconfortos. Por isso, é importante incluir práticas corporais no processo de cura emocional. Algumas sugestões incluem:

A prática de yoga focada na liberação de traumas e tensões acumuladas pode ajudar a restaurar o equilíbrio do corpo e da mente.

Movimentar o corpo de forma livre e expressiva ajuda a liberar emoções reprimidas e a conectar-se com a energia vital.

A massagem terapêutica ou práticas de autocuidado com óleos essenciais podem ajudar a relaxar o corpo e liberar bloqueios energéticos.

O arquétipo da curandeira é uma representação simbólica da mulher que busca a cura e a transformação. Trabalhar com esse arquétipo pode ajudar a acessar a sabedoria interior e promover o processo de cura emocional. Práticas como meditação, visualização ou rituais que envolvem ervas, cristais e outros elementos naturais podem fortalecer a conexão com a curandeira interior.

A curandeira é aquela que entende que a cura é uma jornada e que cada etapa, por mais desafiadora que seja, é parte essencial do crescimento e da evolução.

A cura emocional não acontece de uma só vez, mas é um processo contínuo que pode ser incorporado na vida cotidiana. Algumas maneiras de incluir práticas de cura emocional no dia a dia são:

Reservar um momento todos os dias para refletir sobre como cuidar de si mesma e tratar-se com gentileza.

Cercar-se de pessoas que apoiam e respeitam o processo de cura, evitando relacionamentos tóxicos ou abusivos.

Criar um ambiente sagrado em casa, onde possa meditar, escrever ou realizar rituais de cura, ajuda a manter o foco na jornada de cura emocional.

Capítulo 24
Os Sonhos e o Mundo Onírico

Os sonhos e o mundo onírico são janelas para o inconsciente, revelando mensagens profundas, símbolos e sabedoria que podem guiar o processo de autoconhecimento e cura. No contexto do sagrado feminino, os sonhos são vistos como um portal para a alma, oferecendo insights valiosos sobre a jornada espiritual e a conexão com o divino. Este capítulo explora a importância dos sonhos na vida espiritual e apresenta práticas para acessar e interpretar o mundo onírico como uma ferramenta de crescimento e transformação.

Os sonhos são manifestações do inconsciente, onde memórias, emoções, símbolos e arquétipos se unem para criar narrativas que revelam aspectos ocultos da psique. Durante o sono, o corpo relaxa e a mente consciente se aquieta, permitindo que o inconsciente se expresse livremente. Nesse estado, os sonhos podem trazer à tona questões não resolvidas, desejos reprimidos ou mensagens do sagrado.

No sagrado feminino, o mundo onírico é frequentemente associado ao feminino profundo, simbolizado pela escuridão da noite, pela lua e pelo mistério. Acredita-se que os sonhos são uma forma de se conectar com a intuição e com a sabedoria ancestral que reside no inconsciente coletivo.

Os sonhos podem ter diferentes tipos e significados, variando de acordo com sua natureza e contexto. Compreender os diferentes tipos de sonhos pode ajudar a interpretar melhor as mensagens do inconsciente:

São aqueles em que a pessoa está ciente de que está sonhando. Nos sonhos lúcidos, é possível controlar ou direcionar a narrativa do sonho, permitindo uma exploração consciente do mundo onírico.

Esses sonhos parecem prever eventos futuros ou trazer mensagens específicas. Em muitas tradições espirituais, os sonhos proféticos são vistos como um meio de comunicação com o divino ou com os guias espirituais.

Sonhos que se repetem indicam questões não resolvidas que precisam ser trabalhadas. Eles frequentemente refletem medos, traumas ou padrões de comportamento que estão presentes na vida desperta.

A maioria dos sonhos é simbólica, utilizando imagens, personagens e cenários que representam aspectos do inconsciente. Esses símbolos podem ser universais (como água representando emoções) ou pessoais (ligados a experiências específicas).

No contexto do sagrado feminino, a interpretação dos sonhos é uma prática que envolve intuição, autoconhecimento e conexão com os arquétipos femininos. Os sonhos são vistos como mensagens da alma, que trazem orientação e clareza sobre a jornada espiritual e as lições que precisam ser aprendidas.

Para interpretar os sonhos de forma eficaz, é importante levar em consideração não apenas o simbolismo, mas também o sentimento experimentado durante o sonho. O que o sonho desperta emocionalmente pode fornecer pistas valiosas sobre seu significado.

Lembrar e interpretar sonhos pode ser um desafio, mas existem práticas que ajudam a acessar o mundo onírico de maneira mais consciente. Algumas sugestões incluem:

Anotar os sonhos logo ao acordar é uma maneira eficaz de registrar os detalhes enquanto eles ainda estão frescos na memória. Ao longo do tempo, o diário de sonhos pode revelar padrões ou temas recorrentes.

Criar um ritual antes de dormir, como acender uma vela, usar um cristal ou repetir uma intenção, pode ajudar a melhorar a lembrança dos sonhos. Pedir ao subconsciente para lembrar do sonho ao acordar também é uma prática útil.

Utilizar dicionários de símbolos ou consultar mitologias e tradições espirituais pode ajudar a interpretar os símbolos que aparecem nos sonhos. No entanto, é importante considerar o significado pessoal dos símbolos.

Os sonhos não são apenas manifestações do inconsciente, mas também uma forma de cura. Muitas vezes, as emoções ou experiências que não são processadas na vida desperta se manifestam nos sonhos, proporcionando uma oportunidade para lidar com essas questões em um nível simbólico. O simples ato de reconhecer e refletir sobre o conteúdo de um sonho pode ser um passo significativo para a cura emocional.

Em algumas práticas espirituais, os sonhos são usados como uma forma de terapia, onde se trabalha com imagens e temas dos sonhos para liberar traumas, superar medos ou encontrar soluções para desafios pessoais.

A lua, que tem uma conexão profunda com o sagrado feminino, também influencia o mundo onírico. Em muitas tradições, acredita-se que os sonhos são mais vívidos ou espiritualmente significativos durante a lua cheia ou nova. Além disso, o ciclo menstrual pode afetar os sonhos, intensificando as emoções e os temas oníricos em certas fases.

Prestar atenção à fase lunar e ao momento do ciclo menstrual em que o sonho ocorre pode fornecer insights adicionais sobre seu significado e sobre as energias presentes na vida desperta.

Os sonhos não são apenas uma experiência individual; eles também podem refletir temas do inconsciente coletivo, um conceito desenvolvido por Carl Jung. O inconsciente coletivo é composto por memórias e experiências compartilhadas pela humanidade, que se manifestam em símbolos e arquétipos universais.

Quando os sonhos incluem figuras arquetípicas, como a Grande Mãe, a Sacerdotisa ou a Guerreira, eles podem estar acessando esses temas coletivos, oferecendo uma perspectiva mais ampla sobre a jornada espiritual.

Os insights obtidos a partir dos sonhos podem ser integrados na vida cotidiana de várias maneiras. Algumas sugestões incluem:

Meditar sobre o conteúdo de um sonho pode ajudar a obter uma compreensão mais profunda de seu significado e a encontrar maneiras de aplicá-lo na vida prática.

Pintar, desenhar ou escrever sobre os sonhos é uma forma de trazer a sabedoria onírica para o mundo desperto e explorá-la de maneira criativa.

Se um sonho apresenta um tema específico ou um arquétipo, realizar um ritual simbólico pode ajudar a integrar a mensagem do sonho e manifestar a transformação.

Capítulo 25
A Voz Autêntica da Mulher

A voz autêntica de uma mulher é a expressão verdadeira de quem ela é, sem filtros ou repressões. Encontrar e expressar essa voz é um passo fundamental para o empoderamento e a reconexão com o sagrado feminino. No decorrer da história, muitas mulheres foram silenciadas ou limitadas em suas expressões, o que gerou um distanciamento de sua verdadeira essência. Este capítulo explora como resgatar e manifestar a voz autêntica, permitindo que a mulher se expresse com liberdade e poder em todos os aspectos de sua vida.

Durante séculos, as vozes das mulheres foram abafadas em muitas sociedades. As normas culturais e religiosas impuseram papéis limitados e restrições à expressão feminina, muitas vezes desencorajando as mulheres a compartilhar suas opiniões, sentimentos ou talentos. Essa história de repressão deixou marcas profundas no inconsciente coletivo feminino, levando muitas a duvidar de suas próprias vozes ou a se autocensurarem.

Resgatar a voz autêntica é um processo de desfazer essas camadas de silenciamento, permitindo que a mulher reencontre sua verdade interior e a expresse plenamente. Esse ato de se expressar é uma forma de cura e libertação, não apenas para a mulher individualmente, mas para todas as gerações que vieram antes e que virão depois.

A expressão autêntica é uma forma de honrar a si mesma e de ser fiel à própria essência. Quando a mulher se expressa com autenticidade, ela se alinha com sua verdade interior e vive de forma mais plena. Isso significa não apenas falar o que pensa, mas também ser honesta com seus sentimentos, valores e necessidades.

A voz autêntica não se limita à comunicação verbal. Ela pode ser expressa através da escrita, da arte, da dança, da música ou de qualquer outra forma de expressão que ressoe com a alma. O importante é que essa expressão venha do coração e seja uma manifestação genuína do ser.

Para encontrar e expressar a voz autêntica, é necessário passar por um processo de autoconhecimento e cura. Algumas práticas que ajudam nesse processo incluem:

Escrever de forma livre e sem censura é uma maneira eficaz de começar a explorar a própria voz. O diário pode ser utilizado para registrar pensamentos, sentimentos, sonhos e reflexões, ajudando a desenvolver uma comunicação mais honesta consigo mesma.

Participar de círculos de mulheres onde a fala é encorajada e respeitada é uma forma de praticar a expressão autêntica em um ambiente seguro. Esses espaços permitem compartilhar histórias, emoções e experiências sem medo de julgamento.

Utilizar a própria voz para cantar, entoar sons ou mantras pode ajudar a liberar bloqueios na expressão vocal e a fortalecer a conexão com a voz interior.

O medo de ser julgada ou rejeitada é um dos principais obstáculos que impede as mulheres de se expressarem com autenticidade. Esse medo muitas vezes se origina de experiências passadas em que a expressão da verdade foi desencorajada ou ridicularizada.

Para superar esse medo, é importante trabalhar a autocompaixão e a aceitação. Reconhecer que a voz autêntica é uma parte essencial do ser e que ela merece ser ouvida pode ajudar a superar os receios. Além disso, praticar a expressão em ambientes seguros e gradualmente expandir essa prática para outros contextos pode fortalecer a confiança.

A voz tem um poder transformador. Ela não apenas comunica, mas também pode ser utilizada como uma ferramenta de cura e manifestação. A prática de afirmações, mantras ou declarações positivas pode influenciar o estado emocional e mental, promovendo a cura e fortalecendo a intenção.

Entoar sons ou mantras específicos, como o som "OM", que é considerado o som primordial do universo, pode ajudar a alinhar as energias e abrir os centros de comunicação, como o chakra da garganta. Esse tipo de prática conecta a voz com a energia espiritual, tornando-a um instrumento de transformação.

A expressão autêntica não se limita ao desenvolvimento pessoal; ela também é fundamental nas relações com os outros. Ser honesta sobre sentimentos, desejos e limites em relacionamentos íntimos ou profissionais é uma forma de criar conexões mais saudáveis e genuínas.

Para muitas mulheres, expressar a verdade em suas relações pode ser desafiador, especialmente se houver medo de rejeição ou conflito. No entanto, a prática contínua de comunicação aberta e honesta pode transformar a dinâmica das relações e promover um ambiente de respeito e aceitação.

No contexto do sagrado feminino, o arquétipo da Voz ou da Comunicadora representa a mulher que fala sua verdade e se expressa com coragem. Ela é aquela que compartilha sua sabedoria, que usa a palavra para inspirar, curar e transformar. Trabalhar com esse arquétipo pode ajudar a fortalecer a expressão autêntica e a utilizar a voz como uma ferramenta de mudança.

Práticas como meditações guiadas que envolvem visualizações da Comunicadora, rituais com a intenção de liberar a expressão vocal ou a criação de arte que simboliza a voz podem ajudar a acessar esse arquétipo e a incorporá-lo na vida cotidiana.

Para viver de forma autêntica, é necessário incorporar a voz verdadeira em todas as áreas da vida. Algumas maneiras de praticar isso no dia a dia incluem:

Sempre que possível, expressar-se de maneira clara, respeitosa e honesta em todas as interações, mesmo que isso exija coragem.

Permitir que a criatividade seja um meio de comunicar sentimentos e pensamentos, seja através da escrita, da arte ou da música.

Começar o dia com afirmações que reforçam o compromisso de ser autêntica e de expressar a verdade com amor e compaixão.

Capítulo 26
A Maternidade e a Energia Criativa

A maternidade, em seu sentido mais amplo, representa a capacidade de nutrir, criar e dar vida. No contexto do sagrado feminino, a maternidade não se limita apenas ao ato de gerar filhos, mas abrange todas as formas de expressão criativa. A energia criativa é uma força vital que se manifesta em projetos, arte, relacionamentos e no próprio crescimento espiritual. Este capítulo explora como a maternidade e a energia criativa estão interligadas e apresentam práticas para canalizar essa energia de forma consciente e transformadora.

A maternidade é uma das representações mais antigas e universais do sagrado feminino. Ela simboliza o poder de dar vida, nutrir e proteger. No entanto, essa energia não se restringe apenas ao aspecto biológico. Mesmo aquelas que não têm filhos podem acessar a energia materna, utilizando-a para nutrir seus sonhos, projetos e o desenvolvimento pessoal.

A capacidade de criar e dar forma ao que se deseja é uma expressão da energia maternal, que reside em todas as mulheres. Essa energia é canalizada para alimentar não apenas a vida física, mas também a espiritual e emocional.

A energia criativa é a força que impulsiona a expressão artística, a inovação e a transformação. Quando uma mulher se conecta com essa energia, ela ativa o potencial ilimitado de manifestar seus desejos e visões. Esse processo é semelhante ao ato de gestar, onde a ideia, assim como um embrião, cresce e se desenvolve até tomar forma no mundo físico.

Cada projeto ou expressão criativa pode ser visto como um "filho" espiritual. Seja um livro, uma obra de arte, um negócio ou um movimento social, tudo o que é criado e nutrido com amor e dedicação carrega o mesmo princípio da maternidade.

Para acessar a energia criativa e utilizá-la de forma eficaz, é importante cultivar práticas que promovam a inspiração e a manifestação. Algumas sugestões incluem:

Reservar alguns minutos diariamente para visualizar claramente o que deseja criar ou manifestar. Durante essa prática, imaginar os detalhes e sentir as emoções relacionadas à realização do objetivo.

Manter um diário para registrar ideias, pensamentos e inspirações. Escrever de forma espontânea pode ajudar a desbloquear a criatividade e a desenvolver novos projetos.

Tratar o início de um novo projeto como um ritual de nascimento, onde se estabelece uma intenção clara e se dedica energia para nutrir a criação.

A maternidade desperta aspectos profundos da intuição. Quando uma mulher se torna mãe, seja biologicamente ou espiritualmente, ela desenvolve um senso de proteção e cuidado que está intimamente ligado à sua sabedoria interior. A intuição se torna um guia essencial para a criação e a nutrição, ajudando a mulher a tomar decisões e a proteger o que é mais valioso.

A intuição também desempenha um papel importante na expressão criativa. Ao seguir o fluxo de inspiração e confiar na própria voz, a mulher pode acessar um estado de criatividade ilimitada, onde suas criações são guiadas por uma força maior.

Para muitas mulheres, a maternidade pode ser uma fonte de conflitos emocionais, especialmente quando associada a expectativas culturais ou pessoais. Algumas podem se sentir desconectadas da própria capacidade criativa ou sofrer por não conseguirem manifestar seus desejos e sonhos.

Curar o relacionamento com a maternidade e a criatividade envolve reconhecer e liberar os bloqueios que impedem a expressão plena. Isso pode incluir trabalhar com crenças limitantes, traumas ou experiências passadas que geraram medo ou insegurança.

Para integrar a energia maternal e criativa na vida cotidiana, é necessário adotar práticas que estimulem o fluxo criativo e a capacidade de nutrir. Algumas maneiras de fazer isso incluem:

Nutrir uma planta, cuidar de um animal de estimação ou dedicar tempo para apoiar outra pessoa pode ajudar a fortalecer o aspecto maternal e a sensação de conexão com o mundo ao redor.

Apreciar tudo o que já foi criado, seja grande ou pequeno, é uma forma de honrar a própria capacidade criativa. Praticar a gratidão pela vida, pelas conquistas e pelas lições pode estimular ainda mais o fluxo criativo.

Ter um ambiente inspirador para trabalhar ou meditar, com objetos que evocam sentimentos positivos e ideias criativas, pode ajudar a manter a energia criativa fluindo.

O arquétipo da Mãe Criativa representa a mulher que é capaz de dar forma e vida a tudo o que deseja. Ela é a guardiã do poder criativo, utilizando-o para transformar a si mesma e o mundo ao seu redor. Trabalhar com esse arquétipo pode fortalecer a conexão com a própria energia criativa e ajudar a manifestar projetos com amor e dedicação.

Práticas como meditações guiadas que envolvem visualizações da Mãe Criativa, rituais com símbolos de fertilidade ou criação de arte inspirada nesse arquétipo podem ajudar a incorporar essa energia.

A maternidade espiritual vai além da criação física. Ela envolve a capacidade de dar vida ao que é sagrado e de nutrir a própria alma. Essa forma de maternidade se manifesta em práticas espirituais, em projetos que promovem o bem-estar e em ações que beneficiam a coletividade.

Cultivar a maternidade espiritual é um ato de honrar o sagrado feminino em todas as suas formas, reconhecendo que cada mulher é uma criadora por natureza e que a vida é uma expressão constante dessa criação.

Capítulo 27
A Espiritualidade Transcendental

A espiritualidade transcendental é o estado em que a consciência se eleva além do mundo físico, conectando-se com dimensões espirituais superiores e experimentando uma sensação de unidade com o todo. Para o sagrado feminino, essa conexão transcende a realidade material, promovendo uma compreensão mais profunda da existência e do propósito. Este capítulo aborda como acessar a espiritualidade transcendental e apresenta práticas que ajudam a elevar a consciência para além do plano material.

Transcender significa "ir além", e a espiritualidade transcendental convida a expandir a consciência para além das limitações impostas pela mente e pelo corpo físico. No contexto do sagrado feminino, essa transcendência está ligada à capacidade de se conectar com a essência divina que habita em cada ser, acessando estados superiores de consciência que revelam a interconexão de todas as coisas.

O sagrado feminino ensina que a transcendência não é apenas uma fuga da realidade material, mas uma forma de integrar o mundo espiritual ao cotidiano, promovendo equilíbrio, cura e autoconhecimento.

Para acessar a espiritualidade transcendental, é necessário adotar práticas que ajudem a elevar a consciência e expandir a percepção. Algumas dessas práticas incluem:

A meditação é uma das ferramentas mais eficazes para alcançar a transcendência. Práticas meditativas que se concentram na respiração, na repetição de mantras ou na visualização de luz ajudam a acalmar a mente e a abrir portais para dimensões espirituais.

Embora não sejam práticas intencionais, essas experiências podem proporcionar insights sobre a natureza transcendente da existência e fortalecer a conexão com o divino.

Realizar rituais que envolvem elementos sagrados, como cristais, incensos, velas e símbolos espirituais, ajuda a criar um ambiente propício para a elevação da consciência. A intenção do ritual é fundamental para acessar estados superiores de percepção.

O silêncio é um estado poderoso que permite o acesso à espiritualidade transcendental. Quando a mente se aquieta e o ruído externo é deixado de lado, é possível ouvir a voz interior e sentir a presença do divino. O silêncio pode ser praticado em retiros espirituais, meditações ou simplesmente reservando momentos do dia para se desconectar das distrações externas.

Para muitas tradições espirituais, o silêncio é visto como o caminho para o despertar espiritual, pois facilita a conexão direta com a essência divina, sem interferências da mente racional.

Um dos aspectos mais transformadores da espiritualidade transcendental é a experiência de unidade com o todo. Essa sensação é descrita como uma fusão com o universo, onde o "eu" individual se dissolve e uma consciência universal é experimentada. Esse estado é frequentemente relatado por praticantes de meditação profunda, yoga, ou durante experiências místicas.

Essa percepção de unidade vai além da compreensão intelectual e proporciona uma sensação de paz, amor incondicional e compreensão profunda de que todos os seres estão interligados. No sagrado feminino, essa unidade é muitas vezes representada pela Mãe Terra, que nutre e conecta todos os elementos da criação.

Para alcançar a espiritualidade transcendental, é importante superar os limites do ego, que representa a identificação com a mente, o corpo e as histórias pessoais. O ego pode criar barreiras para a transcendência, pois está preso à realidade material e à separação.

Práticas como o desapego, a rendição e o serviço ao próximo ajudam a dissolver o ego e a permitir que a consciência se expanda para além das limitações impostas pela identidade pessoal. Esse processo de superação do ego é um caminho contínuo de transformação espiritual.

No sagrado feminino, os arquétipos transcendentais representam aspectos do divino que ajudam a elevar a consciência e a promover a conexão com o espiritual. Arquétipos como a Deusa Cósmica, a

Sacerdotisa e a Mística são símbolos de estados elevados de consciência que guiam o despertar espiritual.

Trabalhar com esses arquétipos pode envolver práticas como meditações guiadas, visualizações e rituais que evocam as qualidades desses símbolos. Incorporar os arquétipos transcendentais na vida cotidiana ajuda a manter o foco na busca pela transcendência.

Para que a espiritualidade transcendental tenha um impacto duradouro, é necessário integrá-la à vida diária. Isso significa trazer a experiência de unidade e a consciência elevada para todas as ações e interações. Algumas maneiras de fazer isso incluem:

Estar presente em cada momento, sem distrações ou julgamentos, ajuda a manter o estado de consciência expandida e a perceber a beleza do sagrado em todas as coisas.

A prática constante de gratidão e amor incondicional permite que a transcendência se manifeste através das ações, criando uma vida mais harmoniosa e significativa.

Encarar os desafios como oportunidades para fortalecer a conexão espiritual e aprender lições valiosas é uma forma de manter a transcendência ativa no dia a dia.

A busca pela espiritualidade transcendental é uma jornada contínua de autoconhecimento, expansão e integração. Não se trata de atingir um objetivo final, mas de viver em constante crescimento espiritual, onde a conexão com o divino é fortalecida a cada passo.

Honrar essa jornada significa aceitar as oscilações da vida, os momentos de silêncio e a necessidade de reconexão com o sagrado. Cada experiência vivida, seja ela desafiadora ou pacífica, contribui para a expansão da consciência e a evolução do ser.

Capítulo 28
O Altar Pessoal e as Práticas Espirituais

O altar pessoal é um espaço sagrado criado para cultivar a conexão espiritual, onde se realizam rituais, meditações e outras práticas que fortalecem o vínculo com o divino. Ele representa a manifestação física do sagrado feminino, servindo como ponto de ancoragem para as energias espirituais e como um lugar de introspecção e devoção. Este capítulo aborda a importância do altar pessoal e oferece orientações para criar e utilizar esse espaço para práticas espirituais diárias.

O altar pessoal funciona como um portal que conecta o mundo material ao espiritual, permitindo que a mulher se sintonize com o divino e acesse uma fonte mais profunda de sabedoria e energia. No contexto do sagrado feminino, ele reflete a essência da espiritualidade individual, integrando elementos que representam a energia feminina, como cristais, velas, plantas e símbolos arquetípicos.

O altar não precisa ser grandioso ou elaborado; ele pode ser um pequeno espaço dedicado em uma prateleira, mesa ou até mesmo ao ar livre. O importante é que seja um lugar onde a energia sagrada possa ser cultivada e onde se possa praticar a devoção diária.

Para criar um altar pessoal, é essencial que ele seja montado com intenções claras e elementos que ressoem com a prática espiritual de cada mulher. Algumas sugestões para configurar o altar incluem:

Escolher um local tranquilo onde o altar não seja perturbado, de preferência um lugar que seja utilizado exclusivamente para práticas espirituais. Esse espaço pode ser decorado de forma que transmita paz e inspire a conexão com o divino.

Incorporar itens que representem os quatro elementos (terra, água, fogo e ar) pode ajudar a equilibrar a energia do altar. Por exemplo, cristais para a terra, um cálice com água, uma vela para o fogo e incensos ou penas para o ar.

Incluir imagens de divindades, deidades femininas ou símbolos arquetípicos que ressoem com a prática espiritual. Eles podem servir como pontos focais durante meditações ou rituais.

O altar não precisa ser fixo. Atualizar os elementos de acordo com as fases da lua, estações do ano ou mudanças nas intenções pessoais pode ajudar a manter a energia do espaço renovada.

O altar é um lugar ideal para realizar uma variedade de práticas espirituais, tais como:

Usar o altar como um ponto de ancoragem durante a meditação pode intensificar a experiência. Acender velas ou incensos e focar em um objeto específico no altar pode ajudar a aprofundar a prática meditativa.

Sempre que houver uma nova intenção ou objetivo a ser alcançado, realizar um ritual no altar para manifestar essa intenção pode amplificar os resultados. Acender uma vela, recitar afirmações ou colocar um objeto simbólico no altar são algumas maneiras de realizar esses rituais.

Utilizar o altar para recitar orações ou entoar cânticos sagrados fortalece a conexão com o divino e pode ajudar a abrir o coração e a mente para o sagrado.

O sagrado feminino está intimamente ligado aos ciclos naturais, como as fases da lua e as estações do ano. Integrar essas energias cíclicas nas práticas espirituais realizadas no altar pode intensificar a conexão com o sagrado. Por exemplo:

Durante a lua nova, o altar pode ser usado para definir novas intenções e plantar sementes para o futuro. Na lua cheia, pode-se realizar rituais de celebração e gratidão, enquanto na lua minguante, práticas de liberação e purificação são recomendadas.

Esses momentos são considerados pontos de transição e renovação. Incorporar elementos sazonais no altar, como flores ou frutos típicos de determinada época, pode honrar a conexão com a natureza.

O altar pessoal não é apenas um lugar de devoção, mas também de cura e transformação. Ele pode ser utilizado para trabalhos de cura energética, seja para si mesma ou para outras pessoas. Colocar fotografias, nomes ou objetos simbólicos de quem necessita de cura no altar e realizar práticas de envio de energia amorosa e curativa pode auxiliar nesse processo.

O arquétipo da Sacerdotisa representa a mulher que guarda e compartilha a sabedoria espiritual, utilizando o altar como um ponto central de suas práticas. Incorporar esse arquétipo nas práticas espirituais pode intensificar a conexão com o sagrado e ajudar a desenvolver a intuição e a capacidade de cura.

Meditações e visualizações onde a mulher se vê como uma Sacerdotisa cuidando de seu altar, ou rituais específicos que honrem essa energia, podem ser muito poderosos para fortalecer o papel do altar em sua vida.

Manter o altar como uma parte ativa da vida diária significa utilizá-lo não apenas em momentos específicos de prática, mas integrá-lo nas atividades cotidianas. Isso pode ser feito de forma simples, como:

Reservar alguns minutos ao acordar e antes de dormir para meditar, acender uma vela ou expressar gratidão ajuda a manter uma conexão contínua com o sagrado.

Sempre que sentir a necessidade de se reconectar, parar por alguns minutos no altar pode proporcionar um momento de paz e renovação.

Os rituais personalizados são uma forma de honrar o caminho espiritual único de cada mulher. Criar rituais que ressoem com as próprias crenças e intenções ajuda a fortalecer a prática espiritual e torna o altar um lugar ainda mais significativo.

Os rituais podem ser simples, como acender uma vela e recitar uma oração, ou mais elaborados, envolvendo a criação de mandalas de flores, o uso de sons e a invocação de divindades.

Capítulo 29
A Comunhão com o Divino

A comunhão com o divino é a experiência de se conectar profundamente com o aspecto sagrado do universo, sentindo uma unidade com todas as coisas. No contexto do sagrado feminino, essa conexão é um processo de entrega e abertura à energia divina que permeia o cosmos. A comunhão com o divino não está limitada a um lugar ou prática específica; é uma experiência que pode ocorrer no cotidiano, em momentos de meditação, rituais ou simplesmente na apreciação da natureza. Este capítulo explora formas de cultivar essa comunhão e práticas que ajudam a intensificar essa conexão.

A comunhão com o divino no sagrado feminino vai além da adoração ou devoção; é uma experiência de imersão na energia criativa do universo e no amor incondicional. Ela representa a fusão do eu com o todo, onde a separação se dissolve e a mulher se percebe como uma parte integral do cosmos. No sagrado feminino, essa conexão é frequentemente descrita como retornar ao "útero cósmico", onde a vida se origina e é nutrida.

Essa comunhão pode ser sentida em práticas espirituais formais, mas também em pequenos momentos de contemplação, nos quais a presença do divino se torna palpável.

Há várias práticas que ajudam a cultivar a comunhão com o divino, permitindo que essa conexão se torne mais presente e acessível. Algumas delas incluem:

A meditação devocional é uma prática onde o foco é direcionado ao divino, seja através de mantras, visualizações ou orações silenciosas. Durante essa prática, a mulher se entrega totalmente à energia divina, abrindo-se para receber e sentir a presença do sagrado.

Realizar rituais onde se oferece algo ao divino, como flores, velas ou água, pode ajudar a intensificar a sensação de conexão. O ato de oferecer simboliza a entrega e a gratidão pela vida e pela presença divina.

A natureza é considerada uma expressão viva do divino. Caminhar em meio a árvores, montanhas, rios ou praias, com a consciência focada na beleza e no mistério do ambiente, pode evocar sentimentos profundos de comunhão.

A oração é uma prática universal de conexão com o divino. No contexto do sagrado feminino, a oração não precisa seguir um formato rígido; ela pode ser espontânea e surgir do coração, como um diálogo íntimo com o sagrado. A oração pode ser usada para expressar gratidão, buscar orientação, pedir cura ou simplesmente sentir a presença do divino.

Orar com o coração aberto, sem expectativas específicas, permite que a comunhão ocorra de forma mais profunda, onde as palavras são apenas uma expressão do sentimento que vem de dentro.

O som e a música têm o poder de elevar a consciência e facilitar a comunhão com o divino. Cânticos, mantras e músicas sagradas ressoam com a energia do universo, ajudando a alinhar a mente e o espírito com a vibração do sagrado. Muitas tradições espirituais utilizam a música como um veículo para acessar estados elevados de consciência e se conectar com o divino.

Cantar, tocar instrumentos musicais ou ouvir músicas espirituais pode ser incorporado como uma prática regular de comunhão.

A comunhão com o divino não precisa ser limitada a momentos específicos de prática espiritual. Ela pode ser incorporada no cotidiano através de atitudes simples, como:

Reservar alguns minutos para expressar gratidão pelas bênçãos recebidas, reconhecendo o divino em cada detalhe.

Reconhecer que cada ser vivo e cada situação é uma expressão do divino, tratando-os com respeito e reverência.

Estar completamente presente em cada momento, sem se deixar distrair pelo passado ou pelo futuro, permite perceber a presença do divino em cada experiência.

No sagrado feminino, trabalhar com arquétipos divinos, como a Deusa Mãe, a Virgem, a Anciã ou outras figuras espirituais, pode facilitar a comunhão com o divino. Esses arquétipos representam aspectos do sagrado que ressoam com diferentes fases e necessidades da vida.

Incorporar visualizações, orações ou rituais que invoquem esses arquétipos pode ajudar a intensificar a sensação de comunhão e a trazer a energia do divino para a vida cotidiana.

Muitas vezes, a sensação de separação ou indignidade pode dificultar a comunhão com o divino. Pensamentos limitantes, traumas ou crenças culturais podem criar barreiras que impedem a experiência direta com o sagrado.

Para superar essas barreiras, é importante praticar o perdão, a aceitação e a autocompaixão. Reconhecer que a divindade habita em cada ser e que a comunhão com o divino é um direito inato de todos pode ajudar a dissolver esses bloqueios.

A comunhão com o divino não é uma experiência estática, mas um relacionamento vivo que pode ser nutrido e aprofundado com o tempo. Assim como qualquer outro relacionamento, ele se fortalece através da dedicação, do amor e da prática constante.

Manter um diário espiritual, onde se registra as experiências de conexão com o divino, sonhos ou intuições, pode ajudar a refletir sobre o crescimento espiritual e a desenvolver uma relação mais íntima com o sagrado.

Capítulo 30
A Jornada Completa: Reflexão e Integração

Neste capítulo final, refletiremos sobre a jornada percorrida ao longo do livro, explorando o caminho do sagrado feminino e integrando as práticas aprendidas. A jornada espiritual é contínua, mas alcançar um momento de pausa para reflexão é essencial para assimilar o aprendizado e encontrar significado em cada etapa. Aqui, oferecemos uma visão geral de como integrar as práticas e lições vivenciadas, transformando a sabedoria adquirida em parte do cotidiano.

Após percorrer os diversos aspectos do sagrado feminino, desde a descoberta interior até as práticas espirituais, é natural que surjam transformações profundas. A reflexão permite reconhecer o progresso feito, celebrar as conquistas e identificar áreas que ainda necessitam de atenção. É um momento de acolhimento, onde todas as experiências são reconhecidas como partes valiosas do crescimento pessoal.

Essa reflexão pode ser feita de várias maneiras, como escrever em um diário, praticar meditação ou simplesmente conversar com outras mulheres que também estejam trilhando o caminho espiritual.

As práticas exploradas nos capítulos anteriores são ferramentas para o crescimento espiritual, mas sua eficácia depende de como são integradas à vida cotidiana. Algumas maneiras de manter essa integração incluem:

Criar uma rotina diária que inclua momentos de meditação, oração ou rituais ajuda a manter o foco e a continuidade no caminho espiritual. Pequenas ações diárias, como acender uma vela no altar ou praticar gratidão ao final do dia, podem trazer uma sensação de sacralidade à vida.

Continuar a honrar os ciclos naturais, como as fases da lua e as estações do ano, ajuda a manter uma conexão constante com o sagrado feminino. Isso pode ser feito através de rituais específicos, práticas de introspecção ou simplesmente ajustando as atividades diárias para estar em sintonia com a energia do momento.

Ao longo do caminho, traumas e feridas podem ter sido trazidos à superfície. A jornada do sagrado feminino inclui o reconhecimento e a cura dessas feridas, transformando-as em fontes de sabedoria e força. A cura não é linear, e cada mulher trilha um caminho único. Abraçar a jornada significa aceitar as dificuldades como oportunidades de crescimento e transformação.

A integração do sagrado feminino também envolve o reconhecimento do sagrado masculino. O equilíbrio entre essas energias é essencial para uma vida harmoniosa. Isso não significa buscar a perfeição, mas sim reconhecer quando uma energia está predominante e trabalhar para restaurar o equilíbrio interno.

Práticas como a meditação, a dança e a introspecção são formas de cultivar essa harmonia, permitindo que as energias masculina e feminina fluam naturalmente.

O caminho do sagrado feminino é enriquecido quando compartilhado com outras mulheres. A construção de comunidades de apoio, onde as experiências e os aprendizados podem ser trocados, fortalece a rede de cura e empoderamento. Participar ou liderar círculos de mulheres, grupos de estudo ou retiros espirituais são formas eficazes de fortalecer esses laços e expandir a prática.

Embora este livro ofereça um caminho estruturado, a jornada do sagrado feminino é interminável e sempre evolutiva. Criar espaços onde a prática espiritual possa continuar, seja em um altar pessoal, seja em um diário, ou até mesmo em momentos de silêncio e contemplação, ajuda a manter a conexão com o divino e com o próprio ser.

A continuidade é fundamental para garantir que o aprendizado e as transformações não fiquem apenas no nível intelectual, mas sejam incorporados ao dia a dia.

Uma das maiores lições do sagrado feminino é reconhecer o sagrado em todos os aspectos da vida. Não há necessidade de separar o espiritual do material; ambos fazem parte de uma experiência integrada. Cada ação, por menor que seja, pode ser uma expressão de devoção e uma oportunidade de comunhão com o divino.

Celebrar o progresso é uma forma de reconhecer o próprio valor e o esforço dedicado à jornada espiritual.

A celebração pode ser realizada com rituais de gratidão, encontros com amigas, ou simplesmente tirando um momento para refletir e se conectar com a natureza. Reconhecer os próprios passos fortalece o compromisso com o caminho e inspira a continuar crescendo.

Epílogo

Ao concluir esta jornada, é inevitável olhar para trás e perceber o quanto você mudou. Cada palavra lida, cada conceito absorvido, se tornou parte de uma transformação interna que, embora silenciosa, agora ecoa em cada aspecto de sua vida. O feminino sagrado despertado dentro de você é mais do que uma ideia ou um conceito distante — é uma presença viva, pulsante, que agora flui com força através de suas veias, guiando seus passos e inspirando cada decisão.

Ao longo dessas páginas, você foi levada a explorar as profundezas do seu ser, a confrontar suas sombras, a integrar sua luz. O que você descobriu não foi apenas sobre o mundo ao seu redor, mas sobre o universo interno que sempre habitou em você. O sagrado feminino não é algo que se encontra fora, mas dentro, nas camadas mais sutis de sua alma, nas partes que, muitas vezes, são esquecidas ou rejeitadas. Agora, você tem as ferramentas para viver de maneira mais plena, mais autêntica, conectada com o fluxo natural da vida e com a sabedoria que sempre esteve presente.

Mas, assim como todo ciclo, esta jornada não é um fim, mas um novo começo. O que você descobriu aqui não deve ser guardado ou escondido, mas vivido, compartilhado e expandido. Cada experiência, cada prática aprendida, serve como um lembrete de que a verdadeira sabedoria está na simplicidade de viver em harmonia com seus próprios ciclos, com a natureza e com as outras mulheres ao seu redor. O conhecimento adquirido aqui é uma chama que deve ser mantida acesa, alimentada pela prática e pela intenção de continuar a crescer, a evoluir.

Evoluir é a essência do feminino sagrado. A vida é cíclica, e cada fim traz consigo um novo começo. Ao fechar este livro, você está, na verdade, abrindo uma nova página em sua própria história. Uma página que será escrita com mais consciência, mais amor, mais aceitação de si mesma e do mundo. Você renasce a cada ciclo, a cada lua, a cada experiência de vida. E com essa nova consciência, você pode navegar pelos desafios e pelas belezas da existência com a confiança de quem se conhece profundamente, de quem encontrou sua verdade interior.

Leve consigo o entendimento de que o poder do sagrado feminino está em sua conexão com o todo, com a terra, com os outros seres humanos e, acima de tudo, consigo mesma. Você é uma expressão única dessa energia divina, e ao honrar essa verdade, você também honra todas as mulheres que vieram antes de você e todas as que virão depois. Sua jornada é pessoal, mas também universal. Ao se curar, você contribui para a cura do todo.

Agora, com sua intuição mais aguçada e seu coração mais aberto, você está pronta para continuar sua jornada com novos olhos. O caminho à sua frente não está definido, mas você sabe, em seu âmago, que tem a força e a sabedoria necessárias para percorrê-lo. Seja gentil consigo mesma, honre seus ritmos, e lembre-se de que a verdadeira transformação acontece aos poucos, com cada pequena escolha, com cada intenção.

Que este livro seja apenas o início de um ciclo maior de autoconhecimento, de empoderamento e de conexão profunda com a sabedoria ancestral que vive em você. O sagrado feminino despertou, e com ele, você renasce.

Milton Keynes UK
Ingram Content Group UK Ltd.
UKHW042245011124
450424UK00001BA/257